영어로 통독암송

정철의 사도행전

Acts

학습자

서약서

1.

사도행전 통독 · 암송의 시간을 통해 역사하실 하나님을 기대하며
매 학습 전 기도로 시작하겠습니다.

2.

요일과 시간을 정하여 꾸준히 학습하겠습니다.

3.

처음부터 배운데까지 누적하여 통독 · 암송하겠습니다.

4.

본문의 말씀을 묵상하며 얻은 깨달음을 삶에 적용시키겠습니다.

5.

학습 과정 가운데 얻은 은혜가 있다면 유튜브에 댓글로 남겨
많은 분들과 함께 은혜를 나누겠습니다.

년 월 일

(인)

본 교재는 정철 선생님의 '사도행전 영어로 통독 암송' 유튜브 강의의 워크북입니다.
강의 영상은 YouTube '정철영어성경TV' 채널에서 무료로 시청 가능하며, 원어민 음성과 함께 쉐도잉 할 수 있는 영상도 본 채널에서 함께 제공합니다.

왜 사도행전인가요?

사도행전은 예수님이 승천하신 뒤에 복음이 퍼져나가는 선교 역사를 담고 있는 책입니다.
사도행전에서의 성령의 일하심은 사람 사이의 다양한 일들을 통해 나타납니다.
이 세상 속 모든 일들이 하나님의 깊은 뜻 안에 움직임을 느낄 수 있습니다.

이는 오늘날 우리가 살아가는 세상과 결코 다르지 않습니다.
성령의 일하심이 당장 우리 눈에 보이지 않는 것 같아도 성령께서는 분명 일하고 계십니다.

교회를 습관적으로 다니는 행태, 사도행전적 생각이 줄어든 이 세대에
오늘 이 순간에도 동일하게 역사하고 계시는 성령님을 보게 되기를 바랍니다.

어떤 방식으로 학습하나요?

정철 선생님의 A.D. 학습법으로 본 성경말씀을 학습합니다.
영어성경을 기존 문법 위주의 분석식 학습이 아닌 청크 (영어의 의미 묶음) 단위로 뜻을 이해하고, 낭송하며 암송하는 방식입니다.
* A.D. 학습법에 대한 자세한 내용은 본 교재 (p. 06) '영어가 뻥 뚫리는 [A.D. 학습법]'에서 설명되어 있습니다.

왜 암송인가요?

많은 분들이 암송과 암기를 동일 선상에서 생각하며 어려운 것이라 여기지만 암송과 암기에는 큰 차이가 있습니다.
암기는 머리로 기억하기 위하여 억지로 외우는 방식으로, 결국은 잊어버리게 됩니다.
반면 암송은 입으로 소리내어 반복 낭송하는 방식으로 바위에 글씨가 새겨지듯 저절로 기억되게 됩니다.

본 교재를 어떻게 활용하나요?

1. YouTube '정철영어성경TV' 채널에 업로드 되는 정철 선생님의 강의를 필수로 시청해주시기 바랍니다.
2. 본문 말씀으로 Listen / Understand by chunk / Listen & Repeat / Shadow 형태로 진행됩니다.
3. 본 교재와 강의로 그룹 스터디를 진행하는 것을 추천드립니다.
   학습 진도를 함께 체크하고 암송한 내용을 공유하면 학습 완수율이 더 높아지실 거에요!

편저자 정철

1971년, 22세의 나이로 영어 선생이 되어 1979년 '정철카세트'로 영어교육계에 돌풍을 일으킨 이후 지금까지 수많은 저술과 강의로 효과적인 '영어학습법'을 보급하고 있다. 저서로 1998년 발표하여 150만 명 이상이 읽은 《정철영어혁명》과 2010년에 발표한 《대한민국 스피킹 살리기》가 있으며, 학원과 유튜브 교재를 다수 저술했다. 또, 2006년 1월부터 2008년 12월까지 3년간 CTS를 통해 "대한민국 죽은 영어 살리기"라는 제목으로 총 215시간의 영어성경/영어설교 특강을 방송하여 영어성경 돌풍을 일으켰고, 2010년부터 2018년까지 9년간 극동방송에서 '정철의 성경말씀 영어로 암송하기'를 방송했다. 현재는 젭스의 이사장이자, 유튜브 채널 '정철영어성경TV'를 통해 영어성경 강의를 재미있게 진행 중이다.

유튜브 영상과 교재를 효과적으로 공부하는 방법

YouTube

본 학습용 강의 및 Listen & Shadow 영상은 '정철영어성경TV' 유튜브 채널 (youtube.com/@JCEBTV)에서 시청할 수 있습니다.

1. 강의영상

◆ **Listen**

문장을 보지 않고, 배울 내용을 먼저 소리로 들어보는 부분

◆ **Understand by chunk**

정철 선생님의 내용 설명과 함께 궁금한 순서로 흐르는 영어를 청크 단위로 의미를 익히고 리듬 & 강세 살려 듣고 따라 하는 부분

◆ **Listen & Repeat**

조금 더 긴 청크 단위로 듣고 따라 하는 부분

◆ **Shadow**

배운 내용을 원어민 음원에 맞춰 동시에 따라 하는 부분

2. Listen & Shadow 영상

◆ 처음부터 배운 데까지 원어민 음원에 맞춰 동시에 따라 읽을 수 있는 영상입니다. 매 강의 영상 시청 완료 후 Listen & Shadow 영상으로 누적 낭송을 반복하면 어느새 암송이 됩니다.

영어가 뻥 뚫리는 [A.D. 학습법]

나는 22살부터 지금까지 50년이 넘도록 영어를 가르쳐왔다.
평생토록 연구하며 가르치다 보니 아는 것도 많아지고 가르치는 기술도 좋아져서,
한 때는 세계 최고 수준의 영어선생이라고 스스로 자부하기도 했었다.
그러면서도 항상 머릿속에 맴도는 의문이 있었다.
"이렇게 밖에는 안 되는 것일까?"
"좀 더 쉽고 재미있게 영어를 가르칠 수 있는 방법이 없을까?"

내가 처음 미국에 갔을 때, 나는 아주 조그만 어린 아이들이 유창하게 영어를 하는 것을 보고
충격을 받았다. 우리나라에서는 그토록 어렵게 배워도 잘 안 되는 영어를,
태어난 지 5~6년 밖에 안 되는 아이들이 어떻게 그렇게 쉽게 할 수 있단 말인가?
분명히 내가 모르는 원리가 어딘가에 숨어 있다고 생각했다.
영어교육에 관한 광범위한 서적들을 읽고 국제적인 세미나에도 열심히 참여하면서
그 비밀을 찾으려 애썼다.
그러나 시원한 해답을 얻을 수 없었다.

그러다가 1998년 큰 아들의 인도로 교회에 나가기 시작했다.
성경을 읽기 시작했다.
창세기 11장에서
"태초에 온 인류는 한 가지 언어를 가지고 있었으나 하나님께 범죄하여 수많은 언어로 갈라졌다."
에 충격을 받았다.

그러다가, 사도행전 2장에서 "오순절날 성도들이 모여서 기도하다가 성령이 내려오셔서
외국어의 입들을 열어 주셨다" 는 것을 읽고 더 큰 충격을 받았다.
"아하! 언어를 닫고 여는 것도 하나님이 하시는구나!"

기도하기 시작했다.

“아버지, 모든 언어를 아버지께서 만드셨으니,
누구나 쉽게 영어를 배울 수 있는 원리를 가르쳐 주시고, 입과 귀를 열어주세요.” 라고
줄기차게 기도했다.
얼마 지나지 않아서, 해답을 주시기 시작했다.
보기에는 복잡하게 보이지만,
결국 6가지의 청크가 궁금한 순서로 나열되는 것이 영어문장이며,
그것을 제대로 터득하는 방법은 좋은 문장을 소리내서 반복낭송하는 것이라는 것을 가르쳐 주셨다.
영어를 보는 시각이 바뀌면서 영어가 엄청나게 쉬워졌다.
이 때를 기점으로 나의 영어교수법은 완전히 달라졌다.

우리 연구소에서는 이 새로운 교수법을 [A.D. 교수법]이라고 하고,
그 이전의 교수법을 [B.C. 교수법]이라고 한다.
이 교재에서 사용하는 교수법이 바로 영어가 엄청나게 쉬워지는 [A.D. 교수법]이다.

하나님을 알고 난 뒤 또 한 가지 획기적인 사건은 바로 세계 최고의 영어교재를 발견한 것이다.
바로 영어성경이다.
영어성경은 내가 지금까지 보아온 중 가장 좋은 영어교재다.
문장이 아름답고, 문법도 정확하고, 어휘도 풍부해서 영어성경을 잘 활용하기만 한다면
단숨에 상당한 수준에 도달할 수 있다.
또한 말씀을 영어로 반복해서 암송할수록 성경 자체가 가지고 있는 영적 능력이
생수처럼 흘러나와 자신도 모르게 성령으로 충만해지고 급기야는 영어가 뻥 터지게 된다.

이러한 원리를 바탕으로 2006년부터 3년간 CTS 기독교TV를 통해서
"대한민국 죽은 영어 살리기"라는 제목으로 영어성경과 영어설교에 관한 강의를 방송했고,
2010년부터 2018년까지 매일 아침 8시에 극동방송 라디오를 통해서
[요한복음 영어로 듣고 말하기], [영어로 복음 전하기], [성경말씀 영어로 암송하기],
[야고보서 영어로 통째 암송] 등을 방송했다.

매일 아침 10분 남짓 방송되는 짧은 강좌였지만, 이것을 듣고
"영어가 너무 쉬워졌다."
"포기했던 영어에 자신이 생겼다."
"말씀이 뼛속까지 스며드는 것 같다."
"고등학생인데 모의고사 성적이 쑥 올랐다."
"단기선교 가서 영어로 복음을 전할 수 있어서 너무 행복했다."
등의 수강평이 많이 올라왔다.

2018년부터는 화면을 보면서 좀더 쉽게 공부할 수 있도록,
유튜브를 통해서 전세계로, [요한복음 영어로 통독 암송], [영어로 복음 전하기],
[야고보서 영어로 통독 암송], [요나서 영어로 통독 암송], [요한일서 영어로 통독 암송],
[산상수훈 영어로 통독 암송], [요셉 이야기 영어로 통독 암송],
[로마서 8장 영어로 통독 암송] 등을 암송했고,
이번에는 [사도행전 영어로 통독 암송]을 방송한다.

"하나님의 말씀은 살아 있고 활력이 있어 좌우에 날선 어떤 검보다도 예리하여
혼과 영과 및 관절과 골수를 찔러 쪼개기까지 하며
또 마음의 생각과 뜻을 판단하나니
지으신 것이 하나도 그 앞에 나타나지 않음이 없고

우리의 결산을 받으실 이의 눈 앞에
만물이 벌거벗은 것 같이 드러나느니라.” (히브리서 4:12-13)

암송된 말씀은 핵미사일처럼 날아가서 듣는 사람과 말하는 사람의 혼과 영을 찔러 쪼개고 벌거벗기며 근본적으로 변화시킨다.

모세가 죽은 뒤 리더가 된 여호수아에게 하나님은
“강하고 담대하고, 두려워하지 말라.”
하시면서 다음과 같은 말씀을 주셨다.

“이 율법책을 네 입에서 떠나지 말게 하며 주야로 그것을 묵상하여 그 안에 기록된 대로 다 지켜 행하라 그리하면 네 길이 평탄하게 될 것이며 네가 형통하리라” (여호수아 1:8)

그분의 말씀을 밤낮으로 묵상하라는 계명이시다.
여기서 “묵상”하라고 하는 말의 히브리 원어는
일반적인 묵상과는 다른 의미를 가지고 있다.
보통 “묵상하다” (meditate)라고 하면 조용히 생각하고 연구하는 것으로 느껴진다.
하지만 히브리 원어 “하가 (הגה)”의 실제적 의미는
“읊조리다, 중얼거리다” (murmur) 혹은 “신음소리를 내다” (growl)이다.
그것은 사자의 으르렁거리는 소리나 비둘기의 구구소리 등
동물이 내는 소리를 묘사하는 데 더 자주 사용되었다.
따라서 여기서 묵상하라는 말씀은
그 말씀이 화살처럼 우리의 심령에 깊이 박히고 새겨질 때까지
주야로 끊임없이 큰 소리로 반복해서 외치라는 것이다.
그러면 “네 길이 평탄하게 되며, 모든 일에 형통”하게 되며,

또한 이 말씀들을 영어로 암송할 때

그 안에 깃들어 있는 신령한 영적 능력이 뿜어나와 영어 입을 열어주시는 것이다.

이 “사도행전 영어로 통독 암송” 줄여서 [사도행전]의 본문은,

우리말은 [개역개정],

영어는 [NIV 2011]에서 인용하였다.

과거의 일본식 영어에서 벗어나 누구나 쉽고 재미있게 말씀을 암송할 수 있게 만들었다.

외워지지 않는 것을 강제로 외우는 옛날식 방식이 아니다.

그저 자연스럽게 순서대로 따라가다 보면 저절로 영어로 말씀을 암송하는 새로운 방법이다.

유튜브를 보면서 공부하거나, 교회 주일학교나 학교에서 선생님의 지도를 받으며

공부할 수 있도록 Workbook 형식으로 만들어졌다.

그러면, 영어가 쉬워지는 새로운 원리를 간단히 설명 드린다.

영어가 쉬워지는 **새로운 원리**

첫째 원리 영어문장은 **궁금한 순서**로 흘러간다

<궁금한 순서 어순감각>

영어는 원래 쉬운 언어다.

단지 어렵게 배워서 잘 못하는 것뿐이다.

영어의 기본 원리는 단 한가지,

바로, **'궁금한 순서로 말한다'** 는 것이다.

높은 곳에서 물을 부으면 낮은 곳을 찾아서 이리저리 자연스럽게 흘러가는 물처럼

영어는 일단 '주어+동사'로 말을 시작해 놓으면

꼬리를 무는 궁금증을 따라서 저절로 흘러가게 되어있다.

요한복음 1장 12절 말씀을 가지고 살펴보자.

To all	모두에게
	(모두 누구?)
who received him,	그분을 영접한
	("누구?" 하고 궁금하면 이렇게 who로 받는다.)
to those	그들에게
	(그들 누구? 또 who로 받는다.)
who believed	믿는
	(뭘 믿는데?)
in his name,	그분의 이름을
	(그 사람들에게 뭘 했는데?)
he gave the right	그분은 권리를 주셨다
	(무슨 권리?)
to become children	자녀가 되는
	(누구의 자녀?)
of God.	하나님의

이런 식으로 한마디가 나오면 그에 따르는 궁금함이 생기고
그 궁금한 것에 대해 답을 하면 또 그에 따른 새로운 궁금함이 생겨서
꼬리가 계속 이어져 나간다.
영어문장은 어떤 것이든지 바로 이 간단한 원리에 의해 흘러간다.
이 원리 하나만 터득해도 영어가 엄청나게 쉬워지고,
영어성경을 얼마든지 읽고 이해하고, 말할 수 있다.

<영어를 만드는 여섯 개의 청크>

영어가 흘러가는 모습을 자세히 관찰해 보면
낱개 단어로 움직이는 것이 아니라, 단어들이 몇 개씩 모여서 덩어리로 진행된다.
이 덩어리를 **'청크(chunk)'**라고 한다.
종류는 6가지다.

1) 주어+동사 청크
2) 전명구(전치사+명사) 청크
3) 준동사 청크 ① to 부정사
4) 준동사 청크 ② ing
5) 준동사 청크 ③ p.p
6) 접속사절 청크

아까 했던 요한복음 1장 12절을 다시 살펴보자.

To all who received him,
(전명구) (접속사절)

to those who believed in his name,
(전명구) (접속사절) (전명구)

he gave the right to become children of God.
(주어동사 청크) (to 부정사) (전명구)

어떤가? 아무리 봐도 이 6가지 청크 밖에 없지 않은가?

옛날식 방법으로 어렵게 영어를 배우다 보면, 영어의 구조가 꽤 복잡하게 느껴지지만

알고 보면 이 6가지의 청크를 궁금한 순서로 말하는 게 영어문장의 전부다.

지금까지 어렵게 배우던 문법도 결국 이 청크들을 복잡하게 설명한 것뿐이다.

쉽게 배워서 쉽게 쓰면 영어가 쉬워진다.

(좀 더 자세한 내용은 영어혁명 2편 [대한민국 스피킹 살리기]를 읽어보시라. 영어성공희망자 필독서)

둘째 원리 강세와 리듬을 알아야 영어가 된다

영어 소리의 비결은 강세와 리듬에 있다.

영어에는 영어만의 독특한 리듬이 있다.

중요한 단어들은 강하고 길게 말하고, 나머지 단어들은 약하고 짧게 발음한다.

강하고 길게 소리 나는 음절들이 거의 일정한 간격으로 말해지면서

파도치듯 박자가 맞춰지는 것이 바로 영어의 강세와 리듬이다.

어순과 청크를 아는 것도 중요하지만

그것들이 제대로 힘을 받으려면 강세와 리듬이 들어가야 한다.

강세와 리듬이 없다면

근육과 인대로 이어지지 않은 뼈들처럼 단어들이 와르르 무너지기 때문이다.

영어가 숙달되는 가장 좋은 방법은 영어문장을 박자 맞춰 읽는 것이다.

이 교재로 공부하면서,

매일같이 본문을 궁금한 어순감각을 느끼며 박자 맞춰 읽어보시라.

얼마 안 가서 영어가 뻥 뚫리는 것을 경험하게 될 것이다.

(자세한 내용은 영어혁명 1편 [대한민국 죽은영어 살리기]의 [Chapter 15. 영어가 '뻥' 뚫리는 강력한 리듬훈련] 참조)

교재의 구성

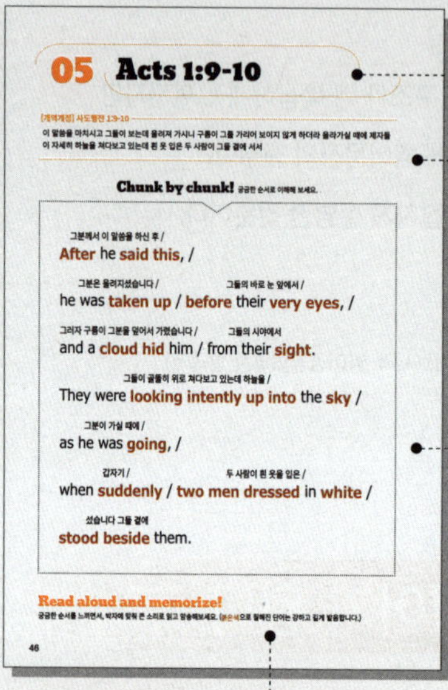

05 Acts 1:9-10

[개역개정] 사도행전 1:9-10

이 말씀을 마치시고 그들이 보는데 올려져 가시니 구름이 그를 가리어 보이지 않게 하더라 올라가실 때에 제자들이 자세히 하늘을 쳐다보고 있는데 흰 옷 입은 두 사람이 그들 곁에 서서

Chunk by chunk! 궁금한 순서로 이해해 보세요.

그분께서 이 말씀을 하신 후 /
After he said this, /

그분은 올려지셨습니다 / 그들의 바로 눈 앞에서 /
he was taken up / before their very eyes, /

그러자 구름이 그분을 덮어서 가렸습니다 / 그들의 시야에서
and a cloud hid him / from their sight.

그들이 골똘히 위로 쳐다보고 있는데 하늘을 /
They were looking intently up into the sky /

그분이 가실 때에 /
as he was going, /

갑자기 / 두 사람이 흰 옷을 입은 /
when suddenly / two men dressed in white /

섰습니다 그들 곁에
stood beside them.

Read aloud and memorize!

궁금한 순서를 느끼면서, 박자에 맞춰 큰 소리로 읽고 암송해보세요. (붉은색으로 칠해진 단어는 강하고 길게 발음합니다.)

46

Words title!

암송할 성경 말씀 장.절을 표기하였다.

우리말 성경!

암송할 영어 성경 말씀에 해당하는 우리말 번역본으로 개역개정을 사용하였다.

Chunk by chunk!

암송할 영어성경 말씀을 궁금한 순서로 읽고 이해하는 단계이다.
본문의 내용을 청크 단위로 읽으면서 영어성경을 쉽게 이해하게 된다.
(영어의 강세와 리듬을 익히도록 강세를 받는 단어들을 붉은색으로 표기했다.)

Read aloud and memorize!

영어의 강세와 리듬을 터득하도록 본문을 큰소리로 박자에 맞춰 읽고 암송하는 단계이다.

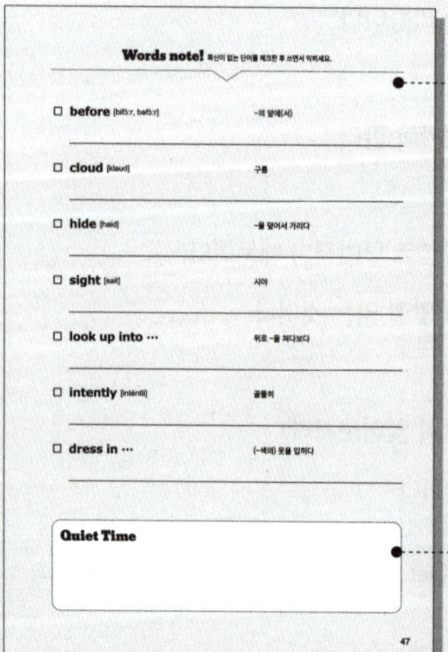

Words note! 확신이 없는 단어를 체크한 후 쓰면서 익히세요.

- ☐ before [bifɔ́ːr, bəfɔ́ːr] ~의 앞에(서)
- ☐ cloud [klaud] 구름
- ☐ hide [haid] ~을 덮어서 가리다
- ☐ sight [sait] 시야
- ☐ look up into … 위로 ~을 쳐다보다
- ☐ intently [inténtli] 골똘히
- ☐ dress in … (~색의) 옷을 입히다

Quiet Time

47

Words note!

중요 단어들의 뜻을 쓰면서 익히는 단계이다.

Quiet Time

오늘 나에게 주신 말씀을 묵상할 수 있는 공간이다.

Remember and write.

본문을 보지 않고 우리말 힌트를 참고하여
쓰고, 암송하여 또 한 번 쓰는 단계이다.

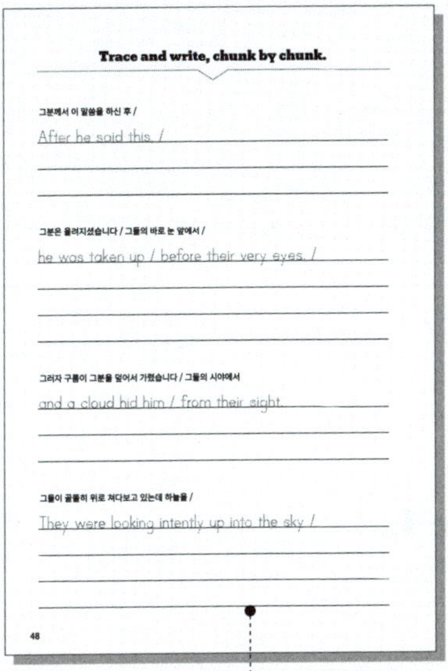

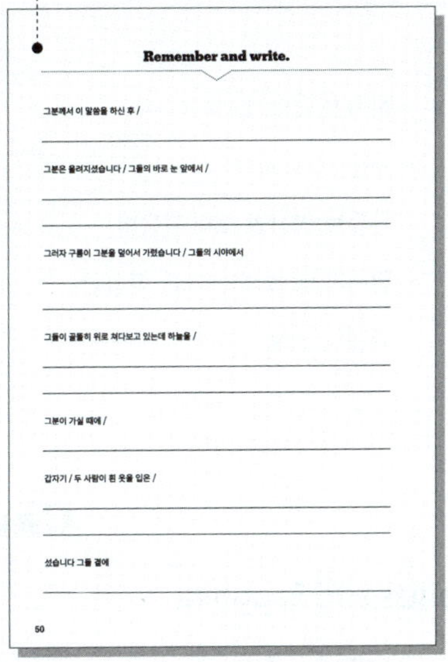

Trace and write, chunk by chunk.

우리말을 보며 궁금한 순서대로 흘러가는 어순감각을
느끼면서 영어 문장을 베껴 쓰는 단계이다.

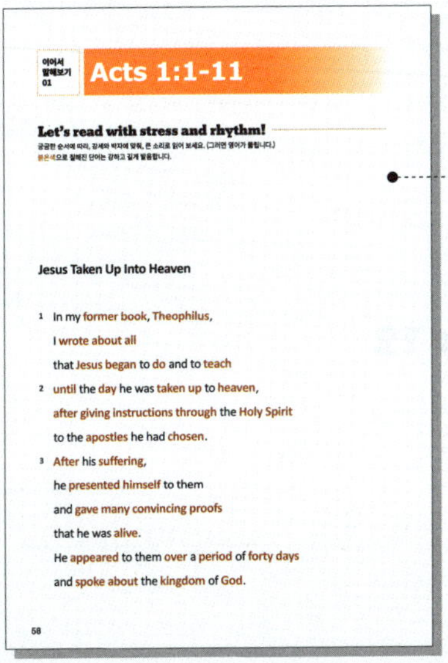

이어서 말해보기!

여러 Unit에 걸쳐 공부한 내용을 이어서
강세와 리듬에 맞춰 읽는 단계이다.
강세와 리듬을 넣어 반복해서 읽다 보면
내용이 정리되고 어순감각이 트이게 된다.

TABLE OF CONTENTS

Chapter 13

The Apostles Persecuted

Chapter 14

The Choosing of the Seven

Chapter 15

Stephen Seized

Appendix

11

Ananias and Sapphira

67 Acts 5:1-2

[개역개정] 사도행전 5:1-2

아나니아라 하는 사람이 그의 아내 삽비라와 더불어 소유를 팔아 그 값에서 얼마를 감추매 그 아내도 알더라 얼마만 가져다가 사도들의 발 앞에 두니

Chunk by chunk! 궁금한 순서로 이해해 보세요.

Ananias and Sapphira
(아나니아와 삽비라)

사람이 아나니아라는 이름을 가진 /
Now a **man named Ananias**, /

같이 그의 아내 삽비라와 함께 /
together with his **wife Sapphira**, /

또한 재산의 일부를 팔았습니다
also sold a **piece** of **property**.

그의 아내도 다 알게 /
With his **wife's full knowledge** /

그는 숨기고 그 돈의 일부를 그를 위해 /
he **kept back part** of the **money** for **himself**, /

나머지를 가져와서 /
but **brought** the **rest** /

그것을 놓았습니다 / 사도들의 발 앞에
and **put** it / at the **apostles' feet**.

Read aloud and memorize!

궁금한 순서를 느끼면서, 박자에 맞춰 큰 소리로 읽고 암송해보세요. (붉은색으로 칠해진 단어는 강하고 길게 발음합니다.)

Words note! 확신이 없는 단어를 체크한 후 쓰면서 익히세요.

- ☐ **name** [neim] 이름을 지어주다, 명명하다
- ☐ **sell** [sel] ~을 팔다, 판매하다
- ☐ **property** [prápərti] 재산; [집합적] 소유물
- ☐ **knowledge** [nálidʒ] (특정 사실·상황에 대해) 알고 있음
- ☐ **keep back …** ~을 감추다, 숨기다
- ☐ **part** [pa:rt] (~의) 일부, 부분
- ☐ **rest** [rest] 나머지

Quiet Time

Trace and write, chunk by chunk.

아나니아와 삽비라

Ananias and Sapphira

사람이 아나니아라는 이름을 가진 /

Now a man named Ananias, /

같이 그의 아내 삽비라와 함께 /

together with his wife Sapphira, /

또한 재산의 일부를 팔았습니다

also sold a piece of property.

그의 아내도 다 알게 /

With his wife's full knowledge /

그는 숨기고 그 돈의 일부를 그를 위해 /

he kept back part of the money for himself. /

나머지를 가져와서 /

but brought the rest /

그것을 놓았습니다 / 사도들의 발 앞에

and put it / at the apostles' feet.

Remember and write.

아나니아와 삽비라

사람이 아나니아라는 이름을 가진 /

같이 그의 아내 삽비라와 함께 /

또한 재산의 일부를 팔았습니다

그의 아내도 다 알게 /

그는 숨기고 그 돈의 일부를 그를 위해 /

나머지를 가져와서 /

그것을 놓았습니다 / 사도들의 발 앞에

Remember and write.

68 Acts 5:3

[개역개정] 사도행전 5:3

베드로가 이르되 아나니아야 어찌하여 사탄이 네 마음에 가득하여 네가 성령을 속이고 땅 값 얼마를 감추었느냐

Chunk by chunk! 궁금한 순서로 이해해 보세요.

그러자 베드로가 말했습니다 / 아나니아 /

Then Peter said, / "**Ananias**, /

어찌하여 / 사탄이 당신의 마음을 채워 /

how is it / that **Satan** has **so filled** your **heart** /

당신이 성령께 거짓말을 하고 /

that you have **lied** to the **Holy Spirit** /

쓰지 않고 따로 두었습니까 당신을 위해 / 돈의 일부를 /

and have **kept** for **yourself** / **some** of the **money** /

당신이 받은 땅 값으로

you **received** for the **land**?

Read aloud and memorize!

궁금한 순서를 느끼면서, 박자에 맞춰 큰 소리로 읽고 암송해보세요. (붉은색으로 칠해진 단어는 강하고 길게 발음합니다.)

Words note! 확신이 없는 단어를 체크한 후 쓰면서 익히세요.

☐ **fill** [fil] ~로 채우다, 가득하게 하다

☐ **heart** [ha:rt] 마음

☐ **lie** [lai] ~에게 거짓말을 하다

☐ **keep** [ki:p] ~을 (~을 위해) 쓰지 않고 따로 두다, 남겨 두다

☐ **receive** [risí:v] ~을 받다, 수여 받다

☐ **land** [lænd] 땅, 소유지

Quiet Time

Trace and write, chunk by chunk.

그러자 베드로가 말했습니다 / 아나니아 /

Then Peter said, / "Ananias, /

어찌하여 / 사탄이 당신의 마음을 채워 /

how is it / that Satan has so filled your heart /

당신이 성령께 거짓말을 하고 /

that you have lied to the Holy Spirit /

쓰지 않고 따로 두었습니까 당신을 위해 / 돈의 일부를 /

and have kept for yourself / some of the money /

당신이 받은 땅 값으로

you received for the land?

Remember and write.

그러자 베드로가 말했습니다 / 아나니아 /

어찌하여 / 사탄이 당신의 마음을 채워 /

당신이 성령께 거짓말을 하고 /

쓰지 않고 따로 두었습니까 당신을 위해 / 돈의 일부를 /

당신이 받은 땅 값으로

Remember and write.

Verse Work

Answer.

What property did Ananias and Sapphira sell?

Answer Key: Their land

69 Acts 5:4

[개역개정] 사도행전 5:4

땅이 그대로 있을 때에는 네 땅이 아니며 판 후에도 네 마음대로 할 수가 없더냐 어찌하여 이 일을 네 마음에 두었느냐 사람에게 거짓말한 것이 아니요 하나님께로다

Chunk by chunk! 궁금한 순서로 이해해 보세요.

그것은 당신에게 속하지 않았습니까 /

Didn't it **belong** to you /

그것이 팔리기 전에

before it was **sold**?

그리고 그것이 팔린 후에 /

And **after** it was **sold**, /

그 돈은 아니었습니까 당신이 원하는대로 쓸 수 있는

wasn't the **money** at your **disposal**?

무엇이 당신으로 하여금 생각하게 했습니까 그런 일을 하는 것을

What made you **think** of **doing such** a **thing**?

당신은 거짓말을 한 것이 아니라 사람들에게만 /

You have **not lied just** to **human beings** /

하나님께 한 것입니다.

but to **God**."

Read aloud and memorize!

궁금한 순서를 느끼면서, 박자에 맞춰 큰 소리로 읽고 암송해보세요. (붉은색으로 칠해진 단어는 강하고 길게 발음합니다.)

Words note! 확신이 없는 단어를 체크한 후 쓰면서 익히세요.

- ☐ **belong to …** ~에 속하다
- ☐ **sell** [sel] ~을 팔다, 판매하다
- ☐ **at one's disposal** ~가 원하는 대로 쓸 수 있는
- ☐ **make** [meik] (~로 하여금 ~을 하게) 만들다, 하다
- ☐ **think of …** ~을 생각하다
- ☐ **lie** [lai] ~에게 거짓말을 하다
- ☐ **human being** 인간, 사람

Quiet Time

Trace and write, chunk by chunk.

그것은 당신에게 속하지 않았습니까 /

Didn't it belong to you /

그것이 팔리기 전에

before it was sold?

그리고 그것이 팔린 후에 /

And after it was sold, /

그 돈은 아니었습니까 당신이 원하는대로 쓸 수 있는

wasn't the money at your disposal?

무엇이 당신으로 하여금 생각하게 했습니까 그런 일을 하는 것을

What made you think of doing such a thing?

당신은 거짓말을 한 것이 아니라 사람들에게만 /

You have not lied just to human beings /

하나님께 한 것입니다.

but to God."

Remember and write.

그것은 당신에게 속하지 않았습니까 /

그것이 팔리기 전에

그리고 그것이 팔린 후에 /

그 돈은 아니었습니까 당신이 원하는대로 쓸 수 있는

무엇이 당신으로 하여금 생각하게 했습니까 그런 일을 하는 것을

당신은 거짓말을 한 것이 아니라 사람들에게만 /

하나님께 한 것입니다.

Remember and write.

70 Acts 5:5-6

[개역개정] 사도행전 5:5-6

아니니아가 이 말을 듣고 엎드러져 혼이 떠나니 이 일을 듣는 사람이 다 크게 두려워하더라 젊은 사람들이 일어나 시신을 싸서 메고 나가 장사하니라

Chunk by chunk! 궁금한 순서로 이해해 보세요.

아나니아는 이 말을 듣자마자 /
When **Ananias heard this**, /

그는 쓰러져 / 죽었습니다
he **fell down** / and **died**.

그러자 큰 두려움이 모두를 엄습했습니다 /
And **great fear seized all** /

들었던 / 무슨 일이 일어났는지
who **heard** / **what** had **happened**.

그러고 나서 젊은 사람 몇 명이 앞으로 나와 /
Then some young men came forward, /

그의 몸을 감싸서 /
wrapped up his **body**, /

그를 메고 나가 / 그를 묻었습니다
and **carried** him **out** / and **buried** him.

Read aloud and memorize!

궁금한 순서를 느끼면서, 박자에 맞춰 큰 소리로 읽고 암송해보세요. (붉은색으로 칠해진 단어는 강하고 길게 발음합니다.)

Words note! 확신이 없는 단어를 체크한 후 쓰면서 익히세요.

- ☐ **fall down** 쓰러지다, 넘어지다
- ☐ **die** [dai] 죽다
- ☐ **seize** [si:z] (공포 등이) 엄습하다
- ☐ **happen** [hǽpən] ~이 일어나다, 생기다
- ☐ **wrap up …** ~을 감싸다
- ☐ **carry … out** ~을 메고 (들고) 나가다
- ☐ **bury** [béri] ~을 묻다, 매장하다

Quiet Time

Trace and write, chunk by chunk.

아나니아는 이 말을 듣자마자 /

When Ananias heard this, /

그는 쓰러져 / 죽었습니다

he fell down / and died.

그러자 큰 두려움이 모두를 엄습했습니다 /

And great fear seized all /

들었던 / 무슨 일이 일어났는지

who heard / what had happened.

그러고 나서 젊은 사람 몇 명이 앞으로 나와 /

Then some young men came forward. /

그의 몸을 감싸서 /

wrapped up his body. /

그를 메고 나가 / 그를 묻었습니다

and carried him out / and buried him.

Remember and write.

아나니아는 이 말을 듣자마자 /

그는 쓰러져 / 죽었습니다

그러자 큰 두려움이 모두를 엄습했습니다 /

들었던 / 무슨 일이 일어났는지

그러고 나서 젊은 사람 몇 명이 앞으로 나와 /

그의 몸을 감싸서 /

그를 메고 나가 / 그를 묻었습니다

Remember and write.

71 Acts 5:7-8

[개역개정] 사도행전 5:7-8

세 시간쯤 지나 그의 아내가 그 일어난 일을 알지 못하고 들어오니 베드로가 이르되 그 땅 판 값이 이것뿐이냐 내게 말하라 하니 이르되 예 이것뿐이라 하더라

Chunk by chunk! 궁금한 순서로 이해해 보세요.

약 세 시간 후에 /
About three hours later /

그의 아내가 들어왔습니다 /
his **wife came in**, /

알지 못한 채 / 무슨 일이 일어났는지
not knowing / **what** had **happened**.

베드로가 그녀에게 물었습니다 /
Peter asked her, /

말해 보십시오 / 이것이 그 값입니까 /
"**Tell** me, / is **this** the **price** /

당신과 아나니아가 받은 땅에 대해
you and **Ananias got** for the **land**?"

예 그녀는 말했습니다 / 그것이 그 값입니다
"**Yes**," she **said**, / "**that** is the **price**."

Read aloud and memorize!

궁금한 순서를 느끼면서, 박자에 맞춰 큰 소리로 읽고 암송해보세요. (붉은색으로 칠해진 단어는 강하고 길게 발음합니다.)

Words note! 확신이 없는 단어를 체크한 후 쓰면서 익히세요.

- ☐ **wife** [waif] 아내, 처, 부인
- ☐ **know** [nou] ~을 알다, 알고 있다
- ☐ **happen** [hǽpən] ~이 일어나다, 생기다
- ☐ **price** [prais] 값, 가격, 대가
- ☐ **get** [get] ~을 얻다, 받다
- ☐ **land** [lænd] 땅, 소유지

Quiet Time

Trace and write, chunk by chunk.

약 세 시간 후에 /

About three hours later /

그의 아내가 들어왔습니다 /

his wife came in, /

알지 못한 채 / 무슨 일이 일어났는지

not knowing / what had happened.

베드로가 그녀에게 물었습니다 /

Peter asked her, /

말해 보십시오 / 이것이 그 값입니까 /

"Tell me, / is this the price /

당신과 아나니아가 받은 땅에 대해

you and Ananias got for the land?"

예 그녀는 말했습니다 / 그것이 그 값입니다

"Yes," she said, / "that is the price."

Remember and write.

약 세 시간 후에 /

그의 아내가 들어왔습니다 /

알지 못한 채 / 무슨 일이 일어났는지

베드로가 그녀에게 물었습니다 /

말해 보십시오 / 이것이 그 값입니까 /

당신과 아나니아가 받은 땅에 대해

예 그녀는 말했습니다 / 그것이 그 값입니다

Remember and write.

72 Acts 5:9

[개역개정] 사도행전 5:9

베드로가 이르되 너희가 어찌 함께 꾀하여 주의 영을 시험하려 하느냐 보라 네 남편을 장사하고 오는 사람들의 발이 문 앞에 이르렀으니 또 너를 메어 내가리라 하니

Chunk by chunk! 궁금한 순서로 이해해 보세요.

베드로가 그녀에게 말했습니다 /
Peter said to her, /

어떻게 당신은 공모를 할 수 있습니까 /
"**How** could you **conspire** /

주님의 영을 시험하려고
to **test** the **Spirit** of the **Lord**?

들으십시오
Listen!

사람들의 발이 / 당신의 남편을 묻은 /
The **feet** of the **men** / who **buried** your **husband** /

문 앞에 있습니다 /
are at the **door**, /

그리고 그들이 당신도 메고 나갈 것입니다
and they will **carry** you **out also**."

Read aloud and memorize!

궁금한 순서를 느끼면서, 박자에 맞춰 큰 소리로 읽고 암송해보세요. (붉은색으로 칠해진 단어는 강하고 길게 발음합니다.)

Words note! 확신이 없는 단어를 체크한 후 쓰면서 익히세요.

- ☐ **conspire** [kənspáiər] (남과) 공모하다
- ☐ **test** [test] 시험하다
- ☐ **listen** [lísn] ~을 듣다, 귀 기울이다
- ☐ **bury** [béri] ~을 묻다, 매장하다
- ☐ **husband** [hʌzbənd] 남편
- ☐ **carry … out** ~을 메고 (들고) 나가다

Quiet Time

Trace and write, chunk by chunk.

베드로가 그녀에게 말했습니다 /

Peter said to her, /

어떻게 당신은 공모를 할 수 있습니까 /

"How could you conspire /

주님의 영을 시험하려고

to test the Spirit of the Lord?

들으십시오

Listen!

사람들의 발이 / 당신의 남편을 묻은 /

The feet of the men / who buried your husband /

문 앞에 있습니다 /

are at the door. /

그리고 그들이 당신도 메고 나갈 것입니다

and they will carry you out also."

Remember and write.

베드로가 그녀에게 말했습니다 /

어떻게 당신은 공모를 할 수 있습니까 /

주님의 영을 시험하려고

들으십시오

사람들의 발이 / 당신의 남편을 묻은 /

문 앞에 있습니다 /

그리고 그들이 당신도 메고 나갈 것입니다

Remember and write.

73 Acts 5:10-11

[개역개정] 사도행전 5:10-11

곧 그가 베드로의 발 앞에 엎드러져 혼이 떠나는지라 젊은 사람들이 들어와 죽은 것을 보고 메어다가 그의 남편 곁에 장사하니 온 교회와 이 일을 듣는 사람들이 다 크게 두려워하니라

Chunk by chunk! 궁금한 순서로 이해해 보세요.

그 순간 /
At **that moment** /

그녀는 쓰러져 / 그의 발 앞에 / 죽었습니다
she **fell down** / at his **feet** / and **died**.

그러자 그 젊은 사람들이 들어와 /
Then the **young men came in**, /

그리고 그녀가 죽은 것을 알고 /
and, **finding** her **dead**, /

그녀를 메고 나가 /
carried her **out** /

그녀를 묻었습니다 / 그녀의 남편 곁에
and **buried** her / **beside** her **husband**.

큰 두려움이 사로 잡았습니다 온 교회를 /
Great fear seized the **whole church** /

그리고 모든 사람들을 / 이 사건들에 대해 들은
and **all** / who **heard about these events**.

Read aloud and memorize!

궁금한 순서를 느끼면서, 박자에 맞춰 큰 소리로 읽고 암송해보세요. (붉은색으로 칠해진 단어는 강하고 길게 발음합니다.)

Words note! 확신이 없는 단어를 체크한 후 쓰면서 익히세요.

- ☐ **fall down** 쓰러지다, 넘어지다
- ☐ **find** [faind] ~을 알다, 깨닫다
- ☐ **dead** [ded] 죽은
- ☐ **bury** [béri] ~을 묻다, 매장하다
- ☐ **beside** [bisáid] ~의 옆(곁)에, ~의 가까이에
- ☐ **seize** [si:z] (공포 등이) 엄습하다
- ☐ **event** [ivént] 사건, 일

Quiet Time

Trace and write, chunk by chunk.

그 순간 /

At that moment /

그녀는 쓰러져 / 그의 발 앞에 / 죽었습니다

she fell down / at his feet / and died.

그러자 그 젊은 사람들이 들어와 /

Then the young men came in. /

그리고 그녀가 죽은 것을 알고 /

and, finding her dead, /

그녀를 메고 나가 /

carried her out /

그녀를 묻었습니다 / 그녀의 남편 곁에

and buried her / beside her husband.

큰 두려움이 사로 잡았습니다 온 교회를 /

Great fear seized the whole church /

그리고 모든 사람들을 / 이 사건들에 대해 들은

and all / who heard about these events.

Remember and write.

그 순간 /

그녀는 쓰러져 / 그의 발 앞에 / 죽었습니다

그러자 그 젊은 사람들이 들어와 /

그리고 그녀가 죽은 것을 알고 /

그녀를 메고 나가 /

그녀를 묻었습니다 / 그녀의 남편 곁에

큰 두려움이 사로 잡았습니다 온 교회를 /

그리고 모든 사람들을 / 이 사건들에 대해 들은

Remember and write.

이어서 말해보기 11

Acts 5:1-11

Let's read with stress and rhythm!

궁금한 순서에 따라, 강세와 박자에 맞춰, 큰 소리로 읽어 보세요. (그러면 영어가 뚫립니다.)
붉은색으로 칠해진 단어는 강하고 길게 발음합니다.

Ananias and Sapphira

1 **Now** a **man named Ananias**,
together with his **wife Sapphira**,
also sold a **piece** of **property**.
2 With his **wife's full knowledge**
he **kept back part** of the **money** for **himself**,
but **brought** the **rest** and **put** it at the **apostles' feet**.
3 **Then Peter said**, "**Ananias**,
how is it that **Satan** has **so filled** your **heart**
that you have **lied** to the **Holy Spirit**
and have **kept** for **yourself some** of the **money**
you **received** for the **land**?
4 **Didn't** it **belong** to you **before** it was **sold**?

And after it was sold,

wasn't the money at your disposal?

What made you think of doing such a thing?

You have not lied just to human beings

but to God."

5 When Ananias heard this,

he fell down and died.

And great fear seized all

who heard what had happened.

6 Then some young men came forward,

wrapped up his body,

and carried him out and buried him.

7 About three hours later

his wife came in,

not knowing what had happened.

8 Peter asked her, "Tell me,

is this the price you and Ananias got for the land?"

"Yes," she said, "that is the price."

9 Peter said to her,

"How could you conspire to test the Spirit of the Lord?

Listen!

The feet of the men who buried your husband

are at the door,

and they will **carry** you **out also**."

10 At **that moment** she **fell down** at his **feet** and **died**.

Then the **young men came in**

and, **finding** her **dead**,

carried her **out** and **buried** her **beside** her **husband**.

11 **Great fear seized** the **whole church**

and **all** who **heard about these events**.

MEMO

12

The Apostles Heal Many

74 Acts 5:12-14

[개역개정] 사도행전 5:12-14

사도들의 손을 통하여 민간에 표적과 기사가 많이 일어나매 믿는 사람이 다 마음을 같이하여 솔로몬 행각에 모이고 그 나머지는 감히 그들과 상종하는 사람이 없으나 백성이 칭송하더라 믿고 주께로 나아오는 자가 더 많으니 남녀의 큰 무리더라

Chunk by chunk! 궁금한 순서로 이해해 보세요.

The Apostles Heal Many

(사도들이 많은 사람들을 고치다)

사도들이 행하였습니다 많은 표적들과 놀라운 일들을 /

The **apostles performed many signs** and **wonders** /

사람들 가운데서

among the **people**.

그리고 모든 신자들은 모이곤 했습니다 같이 /

And **all** the **believers used** to **meet together** /

솔로몬 행각에서

in **Solomon's Colonnade**.

아무도 감히 그들과 함께 하지 못했습니다 /

No one else dared join them, /

그들이 높이 평가되고 있지만 사람들에게

even though they were **highly regarded** by the **people**.

그럼에도 불구하고 /

Nevertheless, /

더 많은 남자들과 여자들이 / 주님을 믿었습니다 /

more and **more men** and **women** / **believed** in the **Lord** /

그래서 더해졌습니다 그들의 수에

and were **added** to their **number**.

Read aloud and memorize!

궁금한 순서를 느끼면서, 박자에 맞춰 큰 소리로 읽고 암송해보세요. (붉은색으로 칠해진 단어는 강하고 길게 발음합니다.)

Words note! 확신이 없는 단어를 체크한 후 쓰면서 익히세요.

☐ **apostle** [əpάsl] 사도

☐ **heal** [hi:l] 고치다, 치유하다

☐ **perform** [pərfɔ́:rm] ~을 행하다, 수행하다

☐ **used to …** ~하곤 했다, ~였다

☐ **meet** [mi:t] ~이 모이다, 회합하다

☐ **colonnade** [kàlənéid] 주랑(柱廊) (보통 지붕을 떠받치도록 일렬로 세운 돌기둥)

☐ **dare** [dɛər] 감히 ~하다; 감히 ~할 용기가 있다

☐ **join** [dʒɔin] ~을 (함께) 하다

☐ **regard** [rigɑ́:rd] ~을 평가하다, ~에 경의를 표하다

☐ **believe in …** ~를 믿다

☐ **add to …** ~에 더하다

Quiet Time

Trace and write, chunk by chunk.

사도들이 많은 사람들을 고치다

The Apostles Heal Many

사도들이 행하였습니다 많은 표적들과 놀라운 일들을 /

The apostles performed many signs and wonders /

사람들 가운데서

among the people.

그리고 모든 신자들은 모이곤 했습니다 같이 /

And all the believers used to meet together /

솔로몬 행각에서

in Solomon's Colonnade.

아무도 감히 그들과 함께 하지 못했습니다 /

No one else dared join them. /

그들이 높이 평가되고 있지만 사람들에게

even though they were highly regarded by the people.

그럼에도 불구하고 /

Nevertheless, /

더 많은 남자들과 여자들이 / 주님을 믿었습니다 /

more and more men and women / believed in the Lord /

그래서 더해졌습니다 그들의 수에

and were added to their number.

Remember and write.

사도들이 많은 사람들을 고치다

사도들이 행하였습니다 많은 표적들과 놀라운 일들을 /

사람들 가운데서

그리고 모든 신자들은 모이곤 했습니다 같이 /

솔로몬 행각에서

아무도 감히 그들과 함께 하지 못했습니다 /

그들이 높이 평가되고 있지만 사람들에게

그럼에도 불구하고 /

더 많은 남자들과 여자들이 / 주님을 믿었습니다 /

그래서 더해졌습니다 그들의 수에

Remember and write.

75 Acts 5:15-16

[개역개정] 사도행전 5:15-16

심지어 병든 사람을 메고 거리에 나가 침대와 요 위에 누이고 베드로가 지날 때에 혹 그의 그림자라도 누구에게 덮일까 바라고 예루살렘 부근의 수많은 사람들도 모여 병든 사람과 더러운 귀신에게 괴로움 받는 사람을 데리고 와서 다 나음을 얻으니라

Chunk by chunk! 궁금한 순서로 이해해 보세요.

그 결과 /
As a **result**, /

사람들은 아픈 사람들을 데리고 나가 / 거리로 /
people brought the **sick** / **into** the **streets** /

그들을 눕혔습니다 / 침상과 깔개에 /
and **laid** them / on **beds** and **mats** /

적어도 / 베드로의 그림자라도 /
so that at **least** / **Peter's shadow** /

드리워질 수 있도록 그들 중 몇몇에게 /
might **fall** on **some** of them /

그가 지나갈 때에
as he **passed by**.

군중들도 모였습니다 / 예루살렘 주위의 마을들로부터 /
Crowds gathered also / from the **towns around Jerusalem**, /

그들의 아픈 사람들을 데리고 와서 /
bringing their **sick** /

그리고 사람들을 / 시달리는 악한 영들에 의해 /
and **those** / **tormented** by **impure spirits**, /

그리고 그들 모두가 고침을 받았습니다
and **all** of them were **healed**.

Read aloud and memorize!

궁금한 순서를 느끼면서, 박자에 맞춰 큰 소리로 읽고 암송해보세요. (붉은색으로 칠해진 단어는 강하고 길게 발음합니다.)

Words note! 확신이 없는 단어를 체크한 후 쓰면서 익히세요.

- ☐ **bring** [briŋ] ~을 데리고 가다, 오다
- ☐ **lay** [lei] ~을 눕히다, 두다
- ☐ **at least** 적어도, 최소한
- ☐ **shadow** [ʃǽdou] 그림자

☐ **fall on …** (그림자 등이) ~에 비치다, 드리워지다

☐ **pass by** 지나가다

☐ **gather** [gæðər] ~에 모이다, 집합하다

☐ **torment** [ˈtɔːrment] ~을 몹시 괴롭히다, 고통을 주다

☐ **impure** [impjúər] 악한, 부도덕한

☐ **spirit** [spírit] 영 (靈)

☐ **heal** [hiːl] 고치다

Quiet Time

Trace and write, chunk by chunk.

그 결과 /

As a result, /

사람들은 아픈 사람들을 데리고 나가 / 거리로 /

people brought the sick / into the streets /

그들을 눕혔습니다 / 침상과 깔개에 /

and laid them / on beds and mats /

적어도 / 베드로의 그림자라도 /

so that at least / Peter's shadow /

드리워질 수 있도록 그들 중 몇몇에게 /

might fall on some of them /

그가 지나갈 때에

as he passed by.

군중들도 모였습니다 / 예루살렘 주위의 마을들로부터 /

Crowds gathered also / from the towns around Jerusalem, /

그들의 아픈 사람들을 데리고 와서 /

bringing their sick /

그리고 사람들을 / 시달리는 악한 영들에 의해 /

and those / tormented by impure spirits, /

그리고 그들 모두가 고침을 받았습니다

and all of them were healed.

Remember and write.

그 결과 /

사람들은 아픈 사람들을 데리고 나가 / 거리로 /

그들을 눕혔습니다 / 침상과 깔개에 /

적어도 / 베드로의 그림자라도 /

드리워질 수 있도록 그들 중 몇몇에게 /

그가 지나갈 때에

군중들도 모였습니다 / 예루살렘 주위의 마을들로부터 /

그들의 아픈 사람들을 데리고 와서 /

그리고 사람들을 / 시달리는 악한 영들에 의해 /

그리고 그들 모두가 고침을 받았습니다

Remember and write.

이어서 말해보기 12

Acts 5:12-16

Let's read with stress and rhythm!

궁금한 순서에 따라, 강세와 박자에 맞춰, 큰 소리로 읽어 보세요. (그러면 영어가 뚫립니다.)
붉은색으로 칠해진 단어는 강하고 길게 발음합니다.

The Apostles Heal Many

12 The **apostles performed many signs** and **wonders**
among the **people**.
And **all** the **believers used** to **meet together**
in **Solomon's Colonnade**.
13 **No one else dared join** them,
even though they were **highly regarded** by the **people**.
14 **Nevertheless**,
more and **more men** and **women believed** in the **Lord**
and were **added** to their **number**.
15 As a **result**,
people brought the **sick into** the **streets**
and **laid** them on **beds** and **mats**

so that at **least Peter's shadow** might **fall** on **some** of them
as he **passed by**.
16 **Crowds gathered also** from the **towns around Jerusalem**,
bringing their **sick** and **those tormented** by **impure spirits**,
and **all** of them were **healed**.

13

The Apostles Persecuted

76 Acts 5:17-20

[개역개정] 사도행전 5:17-20

대제사장들과 그와 함께 있는 사람 즉 사두개인의 당파가 다 마음에 시기가 가득하여 일어나서 사도들을 잡아다가 옥에 가두었더니 주의 사자가 밤에 옥문을 열고 끌어내어 이르되 가서 성전에 서서 이 생명의 말씀을 다 백성에게 말하라 하매

Chunk by chunk! 궁금한 순서로 이해해 보세요.

The Apostles Persecuted

(박해를 당한 사도들)

그러자 대제사장과 그의 모든 동료들이 /
Then the **high priest** and **all** his **associates**, /

일원들이었던 사두개파의 /
who were **members** of the **party** of the **Sadducees**, /

가득 찼습니다 질투로
were **filled** with **jealousy**.

그들은 사도들을 체포하여 / 그들을 가두었습니다 공영 감옥에
They **arrested** the **apostles** / and **put** them in the **public jail**.

그런데 밤중에 /
But **during** the **night** /

주님의 천사가 / 감옥의 문들을 열고 /
an **angel** of the **Lord** / **opened** the **doors** of the **jail** /

그들을 데리고 나왔습니다
and **brought** them **out**.

가서 / 서서 성전 안뜰에 / 그는 말했습니다 /
"Go, / stand in the temple courts," / he said, /

사람들에게 모든 것을 말하라 / 이 새 생명에 대해
"and tell the people all / about this new life."

Read aloud and memorize!

궁금한 순서를 느끼면서, 박자에 맞춰 큰 소리로 읽고 암송해보세요. (붉은색으로 칠해진 단어는 강하고 길게 발음합니다.)

Words note! 확신이 없는 단어를 체크한 후 쓰면서 익히세요.

- ☐ **apostle** [əpásl] 사도
- ☐ **persecute** [pə́:rsikjù:t] 박해하다, 압박하다
- ☐ **associate** [əsóuʃièit, əsóusièit] 동료, 친구
- ☐ **party** [pά:rti] 당파, 파벌
- ☐ **Sadducee** [sǽdʒəsì:] 사두개(파) 사람

☐ **fill with …** ~로 가득 차게 하다

☐ **jealousy** [dʒéləsi] 질투, 시기

☐ **arrest** [ərést] ~를 체포하다, 검거하다

☐ **public** [pʌblik] 공영의

☐ **during** [djúəriŋ] ~동안, 내내

☐ **tell** [tel] 말하다, 이야기하다

☐ **life** [laif] 생명

Quiet Time

Trace and write, chunk by chunk.

박해를 당한 사도들

The Apostles Persecuted

그러자 대제사장과 그의 모든 동료들이 /

Then the high priest and all his associates, /

일원들이었던 사두개파의 /

who were members of the party of the Sadducees, /

가득 찼습니다 질투로

were filled with jealousy.

그들은 사도들을 체포하여 / 그들을 가두었습니다 공영 감옥에

They arrested the apostles / and put them in the public jail.

그런데 밤중에 /

But during the night /

주님의 천사가 / 감옥의 문들을 열고 /

an angel of the Lord / opened the doors of the jail /

그들을 데리고 나왔습니다

and brought them out.

가서 / 서서 성전 안뜰에 / 그는 말했습니다 /

"Go, / stand in the temple courts," / he said, /

사람들에게 모든 것을 말하라 / 이 새 생명에 대해

"and tell the people all / about this new life."

Remember and write.

박해를 당한 사도들

그러자 대제사장과 그의 모든 동료들이 /

일원들이었던 사두개파의 /

가득 찼습니다 질투로

그들은 사도들을 체포하여 / 그들을 가두었습니다 공영 감옥에

그런데 밤중에 /

주님의 천사가 / 감옥의 문들을 열고 /

그들을 데리고 나왔습니다

가서 / 서서 성전 안뜰에 / 그는 말했습니다 /

사람들에게 모든 것을 말하라 / 이 새 생명에 대해

Remember and write.

77 Acts 5:21-22A

[개역개정] 사도행전 5:21-22A

그들이 듣고 새벽에 성전에 들어가서 가르치더니 대제사장과 그와 함께 있는 사람들이 와서 공회와 이스라엘 족속의 원로들을 다 모으고 사람을 옥에 보내어 사도들을 잡아오라 하니 부하들이 가서 옥에서 사도들을 보지 못하고

Chunk by chunk! 궁금한 순서로 이해해 보세요.

새벽에 /
At **daybreak** /

그들은 성전 안뜰에 들어가서 /
they **entered** the **temple courts**, /

그들이 들은 대로 /
as they had been **told**, /

시작했습니다 사람들을 가르치기
and **began** to **teach** the **people**.

대제사장과 그의 동료들이 도착하자 /
When the **high priest** and his **associates arrived**, /

그들은 산헤드린을 소집하고 /
they **called together** the **Sanhedrin** — /

즉 이스라엘의 장로들의 총회 /
the **full assembly** of the **elders** of **Israel** — /

감옥으로 사람을 보냈습니다 사도들을 부르러
and **sent** to the **jail** for the **apostles**.

그러나 감옥에 도착했을 때 /

But on **arriving** at the **jail**, /

경비병들은 그들을 찾지 못했습니다 거기서

the **officers** did **not find** them **there**.

Read aloud and memorize!

궁금한 순서를 느끼면서, 박자에 맞춰 큰 소리로 읽고 암송해보세요. (붉은색으로 칠해진 단어는 강하고 길게 발음합니다.)

Words note! 확신이 없는 단어를 체크한 후 쓰면서 익히세요.

☐ **daybreak** [déibrèik] 새벽, 동틀 녘

☐ **enter** [éntər] 들어가다

☐ **teach** [tiːʧ] 가르치다

☐ **arrive** [əráiv] ~에 도착하다, 닿다

☐ **call together** ~을 소집하다

☐ **Sanhedrin** [sænhédrin | sǽnid- | -rim] 산헤드린, 공회 (公會)

☐ **assembly** [əsémbli] 회의, 집회

☐ **elder** [éldər] (보통 the elders) (부족 등의) 어른, 장로

☐ **send for …** ~을 부르러 (사람을) 보내다

☐ **find** [faind] ~을 발견하다, 찾아내다

Quiet Time

Trace and write, chunk by chunk.

새벽에 /

At daybreak /

그들은 성전 안뜰에 들어가서 /

they entered the temple courts, /

그들이 들은 대로 /

as they had been told, /

시작했습니다 사람들을 가르치기

and began to teach the people.

대제사장과 그의 동료들이 도착하자 /

When the high priest and his associates arrived, /

그들은 산헤드린을 소집하고 /

they called together the Sanhedrin — /

즉 이스라엘의 장로들의 총회 /

the full assembly of the elders of Israel — /

감옥으로 사람을 보냈습니다 사도들을 부르러

and sent to the jail for the apostles.

그러나 감옥에 도착했을 때 /

But on arriving at the jail, /

경비병들은 그들을 찾지 못했습니다 거기서

the officers did not find them there.

Remember and write.

새벽에 /

그들은 성전 안뜰에 들어가서 /

그들이 들은 대로 /

시작했습니다 사람들을 가르치기

대제사장과 그의 동료들이 도착하자 /

그들은 산헤드린을 소집하고 /

즉 이스라엘의 장로들의 총회 /

감옥으로 사람을 보냈습니다 사도들을 부르러

그러나 감옥에 도착했을 때 /

경비병들은 그들을 찾지 못했습니다 거기서

Remember and write.

78 Acts 5:22B-24

[개역개정] 사도행전 5:22B-24

돌아와 이르되 우리가 보니 옥은 든든하게 잠기고 지키는 사람들이 문에 서 있으되 문을 열고 본즉 그 안에는 한 사람도 없더이다 하니 성전 맡은 자와 제사장들이 이 말을 듣고 의혹하여 이 일이 어찌될까 하더니

Chunk by chunk! 궁금한 순서로 이해해 보세요.

그래서 그들은 다시 돌아와 / 보고했습니다 /
So they **went back** / and **reported**, /

우리는 발견했습니다 감옥이 안전하게 잠겨 있는 것을 /
"We **found** the **jail securely locked**, /

보초병들과 함께 / 서 있는 문들 앞에 /
with the **guards** / **standing** at the **doors**; /

그런데 우리가 그것들을 열었을 때 / 우리는 아무도 찾을 수 없었습니다 안에서
but when we **opened** them, / we **found no one inside**."

이 보고를 듣고 /
On **hearing this report**, /

성전 경비대장과 대제사장들은 /
the **captain** of the **temple guard** and the **chief priests** /

어찌할 바를 몰랐습니다 /
were at a **loss**, /

생각하면서 무슨 일로 이것이 이어질지
wondering what this might **lead** to.

Read aloud and memorize!

궁금한 순서를 느끼면서, 박자에 맞춰 큰 소리로 읽고 암송해보세요. (붉은색으로 칠해진 단어는 강하고 길게 발음합니다.)

Words note! 확신이 없는 단어를 체크한 후 쓰면서 익히세요.

- ☐ **report** [ripɔ́:rt] ~을 알리다, 보고하다
- ☐ **find** [faind] ~을 발견하다, 찾아내다
- ☐ **securely** [sikjúərli] 안전하게
- ☐ **lock** [lak] ~에 자물쇠를 채우다, 잠그다
- ☐ **at a loss** 당황하여, 어찌할 바를 몰라
- ☐ **wonder** [wʌndər] ~할까 (~이 어떨까) 생각하다
- ☐ **lead to …** (일 등이) ~로 이어지다, ~에 도달하다

Quiet Time

Trace and write, chunk by chunk.

그래서 그들은 다시 돌아와 / 보고했습니다 /

So they went back / and reported. /

우리는 발견했습니다 감옥이 안전하게 잠겨 있는 것을 /

"We found the jail securely locked. /

보초병들과 함께 / 서 있는 문들 앞에 /

with the guards / standing at the doors; /

그런데 우리가 그것들을 열었을 때 / 우리는 아무도 찾을 수 없었습니다 안에서

but when we opened them, / we found no one inside."

이 보고를 듣고 /

On hearing this report, /

성전 경비대장과 대제사장들은 /

the captain of the temple guard and the chief priests /

어찌할 바를 몰랐습니다 /

were at a loss, /

생각하면서 무슨 일로 이것이 이어질지

wondering what this might lead to.

Remember and write.

그래서 그들은 다시 돌아와 / 보고했습니다 /

우리는 발견했습니다 감옥이 안전하게 잠겨 있는 것을 /

보초병들과 함께 / 서 있는 문들 앞에 /

그런데 우리가 그것들을 열었을 때 / 우리는 아무도 찾을 수 없었습니다 안에서

이 보고를 듣고 /

성전 경비대장과 대제사장들은 /

어찌할 바를 몰랐습니다 /

생각하면서 무슨 일로 이것이 이어질지

Remember and write.

79 Acts 5:25-26

[개역개정] 사도행전 5:25-26

사람이 와서 알리되 보소서 옥에 가두었던 사람들이 성전에 서서 백성을 가르치더이다 하니 성전 맡은 자가 부하들과 같이 가서 그들을 잡아왔으나 강제로 못함은 백성들이 돌로 칠까 두려워함이더라

Chunk by chunk! 궁금한 순서로 이해해 보세요.

그 때에 어떤 사람이 들어와서 / 말했습니다 / 보십시오

Then someone came / and **said**, / "**Look**!

그 사람들이 / 여러분이 감옥에 가둔 /

The **men** / you **put** in **jail** /

서서 성전 안뜰에 / 사람들을 가르치고 있습니다

are **standing** in the **temple courts** / **teaching** the **people**."

그 말에 /

At **that**, /

그 대장은 가서 그의 경비병들과 함께 / 사도들을 데리고 왔습니다

the **captain went** with his **officers** / and **brought** the **apostles**.

그들은 무력을 쓰지 않았습니다 /

They did **not use force**, /

왜냐하면 그들은 두려웠기 때문입니다 / 사람들이 그들을 돌로 칠까

because they **feared** / that the **people** would **stone** them.

Read aloud and memorize!

궁금한 순서를 느끼면서, 박자에 맞춰 큰 소리로 읽고 암송해보세요. (붉은색으로 칠해진 단어는 강하고 길게 발음합니다.)

Words note! 확신이 없는 단어를 체크한 후 쓰면서 익히세요.

- ☐ **put … in jail** ~를 감옥에 가두다, 투옥시키다
- ☐ **teach** [ti:ʧ] 가르치다
- ☐ **bring** [briŋ] ~을 데려가다 (오다)
- ☐ **use force** 무력을 행사하다
- ☐ **fear** [fiər] (~하지 않을까) 염려하다, 두려워하다
- ☐ **stone** [stoun] ~에 돌을 던지다, ~을 돌로 치다

Quiet Time

Trace and write, chunk by chunk.

그 때에 어떤 사람이 들어와서 / 말했습니다 / 보십시오

Then someone came / and said, / "Look!

그 사람들이 / 여러분이 감옥에 가둔 /

The men / you put in jail /

서서 성전 안뜰에 / 사람들을 가르치고 있습니다

are standing in the temple courts / teaching the people."

그 말에 /

At that, /

그 대장은 가서 그의 경비병들과 함께 / 사도들을 데리고 왔습니다

the captain went with his officers / and brought the apostles.

그들은 무력을 쓰지 않았습니다 /

They did not use force, /

왜냐하면 그들은 두려웠기 때문입니다 / 사람들이 그들을 돌로 칠까

because they feared / that the people would stone them.

Remember and write.

그 때에 어떤 사람이 들어와서 / 말했습니다 / 보십시오

그 사람들이 / 여러분이 감옥에 가둔 /

서서 성전 안뜰에 / 사람들을 가르치고 있습니다

그 말에 /

그 대장은 가서 그의 경비병들과 함께 / 사도들을 데리고 왔습니다

그들은 무력을 쓰지 않았습니다 /

왜냐하면 그들은 두려웠기 때문입니다 / 사람들이 그들을 돌로 칠까

Remember and write.

80 Acts 5:27-28

[개역개정] 사도행전 5:27-28

그들을 끌어다가 공회 앞에 세우니 대제사장이 물어 이르되 우리가 이 이름으로 사람을 가르치지 말라고 엄금하였으되 너희가 너희 가르침을 예루살렘에 가득하게 하니 이 사람의 피를 우리에게로 돌리고자 함이로다

Chunk by chunk! 궁금한 순서로 이해해 보세요.

사도들을 데리고 와서 /
The **apostles** were **brought in** /

~하게 했습니다 출두하게 / 산헤드린에 /
and **made** to **appear** / **before** the **Sanhedrin** /

심문을 받도록 대제사장에 의해서
to be **questioned** by the **high priest**.

우리가 당신들에게 엄중한 명령을 주었소 /
"We **gave** you **strict orders** /

가르치지 말라고 이 이름으로 / 그는 말했습니다
not to **teach** in **this name**," / he **said**.

그런데 / 당신들은 예루살렘을 가득 채웠고 당신들의 가르침으로 /
"**Yet** / you have **filled Jerusalem** with your **teaching** /

결심을 했소 / 우리로 하여금 책임을 지게 하려고 이 사람의 피에 대한
and are **determined** / to **make** us **guilty** of **this man's blood**."

Read aloud and memorize!

궁금한 순서를 느끼면서, 박자에 맞춰 큰 소리로 읽고 암송해보세요. (붉은색으로 칠해진 단어는 강하고 길게 발음합니다.)

Words note! 확신이 없는 단어를 체크한 후 쓰면서 익히세요.

- ☐ **bring in ⋯** ~을 데려오다

- ☐ **appear before ⋯** ~에 출두하다, 출정하다

- ☐ **Sanhedrin** [sænhédrin | sǽnid- | -rim] 산헤드린, 공회 (公會)

- ☐ **question** [kwéstʃən] ~을 심문하다

- ☐ **give ⋯ orders** ~에게 명령하다

- ☐ **teach** [ti:tʃ] 가르치다

- ☐ **fill** [fil] ~로 채우다, 가득하게 하다

- ☐ **determine** [ditə́:rmin] ~하기를 결심하다

- ☐ **make ⋯ guilty of ⋯** ~로 하여금 ~의 대가를 지게 하다

Trace and write, chunk by chunk.

사도들을 데리고 와서 /

The apostles were brought in /

~하게 했습니다 출두하게 / 산헤드린에 /

and made to appear / before the Sanhedrin /

심문을 받도록 대제사장에 의해서

to be questioned by the high priest.

우리가 당신들에게 엄중한 명령을 주었소 /

"We gave you strict orders /

가르치지 말라고 이 이름으로 / 그는 말했습니다

not to teach in this name," / he said.

그런데 / 당신들은 예루살렘을 가득 채웠고 당신들의 가르침으로 /

"Yet / you have filled Jerusalem with your teaching /

결심을 했소 / 우리로 하여금 책임을 지게 하려고 이 사람의 피에 대한

and are determined / to make us guilty of this man's blood."

Remember and write.

사도들을 데리고 와서 /

~하게 했습니다 출두하게 / 산헤드린에 /

심문을 받도록 대제사장에 의해서

우리가 당신들에게 엄중한 명령을 주었소 /

가르치지 말라고 이 이름으로 / 그는 말했습니다

그런데 / 당신들은 예루살렘을 가득 채웠고 당신들의 가르침으로 /

결심을 했소 / 우리로 하여금 책임을 지게 하려고 이 사람의 피에 대한

Remember and write.

81 Acts 5:29-30

[개역개정] 사도행전 5:29-30

베드로와 사도들이 대답하여 이르되 사람보다 하나님께 순종하는 것이 마땅하니라 너희가 나무에 달아 죽인 예수를 우리 조상이 하나님이 살리시고

Chunk by chunk! 궁금한 순서로 이해해 보세요.

베드로와 다른 사도들이 대답했습니다
Peter and the **other apostles replied**:

우리는 하나님께 복종해야 합니다 / 사람들보다
"We **must obey God** / **rather** than **human beings**!

우리 조상들의 그 하나님은 / 예수님을 다시 살리셨습니다 죽은 자 가운데서 /
The **God** of our **ancestors** / **raised Jesus** from the **dead** — /

여러분이 죽인 / 그분을 매달아서 / 십자가에
whom you **killed** / by **hanging** him / on a **cross**.

Read aloud and memorize!

궁금한 순서를 느끼면서, 박자에 맞춰 큰 소리로 읽고 암송해보세요. (붉은색으로 칠해진 단어는 강하고 길게 발음합니다.)

Words note! 확신이 없는 단어를 체크한 후 쓰면서 익히세요.

- ☐ **reply** [riplái] 대답하다, 응답하다
- ☐ **obey** [oubéi] 복종하다, 따르다
- ☐ **rather than …** ~보다
- ☐ **human being** 인간, 사람
- ☐ **ancestor** [ǽnsestər, -tris] 조상, 선조
- ☐ **raise** [reiz] 되살아나게 하다, 되살리다
- ☐ **kill** [kil] 죽이다
- ☐ **hang** [hæŋ] ~를 매달다
- ☐ **cross** [krɔːs] 십자가

Trace and write, chunk by chunk.

베드로와 다른 사도들이 대답했습니다

Peter and the other apostles replied:

우리는 하나님께 복종해야 합니다 / 사람들보다

"We must obey God / rather than human beings!

우리 조상들의 그 하나님은 / 예수님을 다시 살리셨습니다 죽은 자 가운데서 /

The God of our ancestors / raised Jesus from the dead — /

여러분이 죽인 / 그분을 매달아서 / 십자가에

whom you killed / by hanging him / on a cross.

Remember and write.

베드로와 다른 사도들이 대답했습니다

우리는 하나님께 복종해야 합니다 / 사람들보다

우리 조상들의 그 하나님은 / 예수님을 다시 살리셨습니다 죽은 자 가운데서 /

여러분이 죽인 / 그분을 매달아서 / 십자가에

Remember and write.

82 Acts 5:31-32

[개역개정] 사도행전 5:31-32

이스라엘에게 회개함과 죄 사함을 주시려고 그를 오른손으로 높이사 임금과 구주로 삼으셨느니라 우리는 이 일에 증인이요 하나님이 자기에게 순종하는 사람들에게 주신 성령도 그러하니라 하더라

Chunk by chunk! 궁금한 순서로 이해해 보세요.

하나님은 그분을 높이셨습니다 / 그분의 오른편으로 /

God exalted him / to his **own right hand** /

군주이자 구세주로 /

as **Prince** and **Savior** /

그래서 그분이 이스라엘을 회개로 이르게 해 /

that he might **bring Israel** to **repentance** /

그들의 죄들을 용서하실 수 있도록

and **forgive** their **sins**.

우리가 이 모든 일들의 증인들입니다 /

We are **witnesses** of **these things**, /

그리고 성령도 그러하십니다 /

and **so** is the **Holy Spirit**, /

하나님께서 사람들에게 주신 / 그분께 복종하는

whom **God** has **given** to **those** / who **obey** him."

Read aloud and memorize!

궁금한 순서를 느끼면서, 박자에 맞춰 큰 소리로 읽고 암송해보세요. (붉은색으로 칠해진 단어는 강하고 길게 발음합니다.)

Words note! 확신이 없는 단어를 체크한 후 쓰면서 익히세요.

- ☐ **exalt** [igzɔ́:lt] ~을 높이다

- ☐ **bring … to …** ~을 (어떤 상태, 결과 등에) 이르게 하다

- ☐ **repentance** [ripéntəns] 회개, 참회

- ☐ **forgive** [fərgív] 용서하다

- ☐ **sin** [sin] 죄, 죄악

- ☐ **witness** [wítnis] 목격자, 증언

- ☐ **obey** [oubéi] 복종하다, 따르다

Quiet Time

Trace and write, chunk by chunk.

하나님은 그분을 높이셨습니다 / 그분의 오른편으로 /

God exalted him / to his own right hand /

군주이자 구세주로 /

as Prince and Savior /

그래서 그분이 이스라엘을 회개로 이르게 해 /

that he might bring Israel to repentance /

그들의 죄들을 용서하실 수 있도록

and forgive their sins.

우리가 이 모든 일들의 증인들입니다 /

We are witnesses of these things. /

그리고 성령도 그러하십니다 /

and so is the Holy Spirit. /

하나님께서 사람들에게 주신 / 그분께 복종하는

whom God has given to those / who obey him."

Remember and write.

하나님은 그분을 높이셨습니다 / 그분의 오른편으로 /

군주이자 구세주로 /

그래서 그분이 이스라엘을 회개로 이르게 해 /

그들의 죄들을 용서하실 수 있도록

우리가 이 모든 일들의 증인들입니다 /

그리고 성령도 그러하십니다 /

하나님께서 사람들에게 주신 / 그분께 복종하는

Remember and write.

83 Acts 5:33-34

[개역개정] 사도행전 5:33-34

그들이 듣고 크게 노하여 사도들을 없이하고자 할새 바리새인 가말리엘은 율법교사로 모든 백성에게 존경을 받는 자라 공회 중에 일어나 명하여 사도들을 잠깐 밖에 나가게 하고

Chunk by chunk! 궁금한 순서로 이해해 보세요.

그들이 이 말을 들었을 때 /
When they **heard this**, /

그들은 격노하여 /
they were **furious** /

그들을 죽이고 싶어했습니다
and **wanted** to **put** them to **death**.

그런데 가말리엘이라는 이름을 가진 바리새 사람이 / 율법 교사 /
But a **Pharisee named Gamaliel**, / a **teacher** of the **law**, /

존경을 받는 모든 사람들에게 /
who was **honored** by **all** the **people**, /

일어나 / 산헤드린에서 /
stood up / in the **Sanhedrin** /

명령했습니다 / 그 사람들을 데리고 나가도록 밖에 / 잠시
and **ordered** / that the **men** be **put outside** / for a **little while**.

Read aloud and memorize!

궁금한 순서를 느끼면서, 박자에 맞춰 큰 소리로 읽고 암송해보세요. (붉은색으로 칠해진 단어는 강하고 길게 발음합니다.)

Words note! 확신이 없는 단어를 체크한 후 쓰면서 익히세요.

☐ **furious** [fjúəriəs] 몹시 화를 낸, 격노한

☐ **want** [want, wɔ:nt] (~할 것을) 원하다, ~하고 싶다, 싶어하다

☐ **put … to death** ~를 죽게 하다

☐ **name** [neim] 이름을 지어주다, 명명하다

☐ **honor** [ɑ́nər] ~을 존경하다

☐ **Sanhedrin** [sænhédrin | sǽnid- | -rim] 산헤드린, 공회 (公會)

☐ **order** [ɔ́:rdər] ~하도록 명령하다, 지시하다

☐ **put** [put] (사람을) 옮기다, 데리고 가다

Trace and write, chunk by chunk.

그들이 이 말을 들었을 때 /

When they heard this, /

그들은 격노하여 /

they were furious /

그들을 죽이고 싶어했습니다

and wanted to put them to death.

그런데 가말리엘이라는 이름을 가진 바리새 사람이 / 율법 교사 /

But a Pharisee named Gamaliel, / a teacher of the law, /

존경을 받는 모든 사람들에게 /

who was honored by all the people. /

일어나 / 산헤드린에서 /

stood up / in the Sanhedrin /

명령했습니다 / 그 사람들을 데리고 나가도록 밖에 / 잠시

and ordered / that the men be put outside / for a little while.

Remember and write.

그들이 이 말을 들었을 때 /

그들은 격노하여 /

그들을 죽이고 싶어했습니다

그런데 가말리엘이라는 이름을 가진 바리새 사람이 / 율법 교사 /

존경을 받는 모든 사람들에게 /

일어나 / 산헤드린에서 /

명령했습니다 / 그 사람들을 데리고 나가도록 밖에 / 잠시

Remember and write.

84 Acts 5:35-36

[개역개정] 사도행전 5:35-36

말하되 이스라엘 사람들아 너희가 이 사람들에 대하여 어떻게 하려는지 조심하라 이전에 드다가 일어나 스스로 선전하매 사람이 약 사백 명이나 따르더니 그가 죽임을 당하매 따르던 모든 사람들이 흩어져 없어졌고

Chunk by chunk! 궁금한 순서로 이해해 보세요.

그러고 나서 그는 산헤드린에게 연설했습니다
Then he **addressed** the **Sanhedrin**:

이스라엘 사람들이여 /
"**Men** of **Israel**, /

신중하게 생각해야 합니다 / 무엇을 여러분이 하려고 하는지 이 사람들에게
consider carefully / **what** you **intend** to **do** to **these men**.

예전에 /
Some time ago /

드다가 나타나 / 주장했습니다 대단한 사람이라고 /
Theudas appeared, / **claiming** to be **somebody**, /

그러자 약 사백 명이 집결했습니다 그에게
and **about four hundred men rallied** to him.

그가 죽임을 당하자 / 그의 모든 추종자들이 흩어졌습니다 /
He was **killed**, / all his **followers** were **dispersed**, /

그래서 그 모든 것이 아무것도 아니게 되었습니다
and it **all came** to **nothing**.

Read aloud and memorize!

궁금한 순서를 느끼면서, 박자에 맞춰 큰 소리로 읽고 암송해보세요. (붉은색으로 칠해진 단어는 강하고 길게 발음합니다.)

Words note! 확신이 없는 단어를 체크한 후 쓰면서 익히세요.

- ☐ **address** [ədrés, ǽdres | ədrés] ~에 연설하다

- ☐ **consider** [kənsídər] ~을 깊이 생각하다, 숙고하다

- ☐ **intend** [inténd] ~하려고 (생각)하다

- ☐ **appear** [əpíər] 나타나다

- ☐ **claim** [kleim] ~을 주장하다, 단언하다

- ☐ **somebody** [sʌ́mbὰdi, sʌ́mbʌdi, sʌ́mbədi] 대단한(훌륭한) 사람

- ☐ **rally** [rǽli] (다시) 모이다, 집결하다

- ☐ **disperse** [dispə́:rs] 흩어지다, 뿔뿔이 헤어지다

- ☐ **come to nothing** 아무것도 안되다, 허사가 되다(수포로 돌아가다)

Trace and write, chunk by chunk.

그러고 나서 그는 산헤드린에게 연설했습니다

Then he addressed the Sanhedrin:

이스라엘 사람들이여 /

"Men of Israel, /

신중하게 생각해야 합니다 / 무엇을 여러분이 하려고 하는지 이 사람들에게

consider carefully / what you intend to do to these men.

예전에 /

Some time ago /

드다가 나타나 / 주장했습니다 대단한 사람이라고 /

Theudas appeared, / claiming to be somebody, /

그러자 약 사백 명이 집결했습니다 그에게

and about four hundred men rallied to him.

그가 죽임을 당하자 / 그의 모든 추종자들이 흩어졌습니다 /

He was killed, / all his followers were dispersed, /

그래서 그 모든 것이 아무것도 아니게 되었습니다

and it all came to nothing.

Remember and write.

그러고 나서 그는 산헤드린에게 연설했습니다

이스라엘 사람들이여 /

신중하게 생각해야 합니다 / 무엇을 여러분이 하려고 하는지 이 사람들에게

예전에 /

드다가 나타나 / 주장했습니다 대단한 사람이라고 /

그러자 약 사백 명이 집결했습니다 그에게

그가 죽임을 당하자 / 그의 모든 추종자들이 흩어졌습니다 /

그래서 그 모든 것이 아무것도 아니게 되었습니다

Remember and write.

Verse Work

Answer.

1. What did Theudas do?

____

____

2. What happened to him?

____

Answer Key: 1. He claimed to be somebody, and about four hundred men rallied to him.
2. He was killed.

85 Acts 5:37-38A

[개역개정] 사도행전 5:37-38A

그 후 호적할 때에 갈릴리의 유다가 일어나 백성을 꾀어 따르게 하다가 그도 망한 즉 따르던 모든 사람들이 흩어졌느니라 이제 내가 너희에게 말하노니 이 사람들을 상관하지 말고 버려 두라

Chunk by chunk! 궁금한 순서로 이해해 보세요.

그 후에 /
After him, /

갈릴리 사람 유다가 나타나 / 인구 조사 당시에 /
Judas the **Galilean appeared** / in the **days** of the **census** /

한 무리의 사람들을 이끌었습니다 / 반란을 일으켜
and **led** a **band** of **people** / in **revolt**.

그도 죽임을 당하자 /
He **too** was **killed**, /

그의 모든 추종자들이 흩어졌습니다
and **all** his **followers** were **scattered**.

그러므로 / 이 경우에 대해서 / 나는 여러분에게 조언합니다
Therefore, / in the **present case** / I **advise** you:

이 사람들을 내버려 두십시오
Leave these men alone!

그들을 풀어서 놓아주십시오
Let them **go**!

Read aloud and memorize!

궁금한 순서를 느끼면서, 박자에 맞춰 큰 소리로 읽고 암송해보세요. (붉은색으로 칠해진 단어는 강하고 길게 발음합니다.)

Words note! 확신이 없는 단어를 체크한 후 쓰면서 익히세요.

☐ **appear** [əpíər] 나타나다

☐ **in the days of the census** 인구 조사 당시에

☐ **lead** [li:d] ~을 이끌다, 인도하다

☐ **band** [bænd] (사람·동물의) 한 무리, 한 떼

☐ **in revolt** 반란을 일으켜

☐ **scatter** [skǽtər] 흩어지다, 사방으로 분산하다

☐ **case** [keis] (개개의 구체적인) 경우, 실례

☐ **advise** [ædváiz] ~에게 권고하다, 조언하다

☐ **leave … alone** ~을 내버려두다

Trace and write, chunk by chunk.

그 후에 /

After him, /

갈릴리 사람 유다가 나타나 / 인구 조사 당시에 /

Judas the Galilean appeared / in the days of the census /

한 무리의 사람들을 이끌었습니다 / 반란을 일으켜

and led a band of people / in revolt.

그도 죽임을 당하자 /

He too was killed, /

그의 모든 추종자들이 흩어졌습니다

and all his followers were scattered.

그러므로 / 이 경우에 대해서 / 나는 여러분에게 조언합니다

Therefore, / in the present case / I advise you:

이 사람들을 내버려 두십시오

Leave these men alone!

그들을 풀어서 놓아주십시오

Let them go!

Remember and write.

그 후에 /

갈릴리 사람 유다가 나타나 / 인구 조사 당시에 /

한 무리의 사람들을 이끌었습니다 / 반란을 일으켜

그도 죽임을 당하자 /

그의 모든 추종자들이 흩어졌습니다

그러므로 / 이 경우에 대해서 / 나는 여러분에게 조언합니다

이 사람들을 내버려 두십시오

그들을 풀어서 놓아주십시오

Remember and write.

86 Acts 5:38B-39

[개역개정] 사도행전 5:38B-39

이 사상과 이 소행이 사람으로부터 났으면 무너질 것이요 만일 하나님께로부터 났으면 너희가 그들을 무너뜨릴 수 없겠고 도리어 하나님을 대적하는 자가 될까 하노라 하니

Chunk by chunk! 궁금한 순서로 이해해 보세요.

왜냐하면 만일 그들의 목적이나 행동이 / 사람에게서 난 것이면 /

For if their **purpose** or **activity** / is of **human origin**, /

그것은 실패할 것이기 때문입니다

it will **fail**.

그러나 만일 그것이 하나님께로부터 난 것이면 /

But if it is from **God**, /

여러분은 멈추게 할 수 없을 것입니다 이 사람들을 /

you will **not** be **able** to **stop these men**; /

여러분은 도리어 발견할 것입니다 여러분 자신들을 /

you will **only find yourselves**

하나님께 대적하여 싸우고 있는

fighting against God."

Read aloud and memorize!

궁금한 순서를 느끼면서, 박자에 맞춰 큰 소리로 읽고 암송해보세요. (붉은색으로 칠해진 단어는 강하고 길게 발음합니다.)

Words note! 확신이 없는 단어를 체크한 후 쓰면서 익히세요.

☐ **purpose** [pə́:rpəs] 목적, 의도

☐ **activity** [æktívəti] 행위, 행동

☐ **origin** [ɔ́:rədʒin, ɑ́rədʒin] 기원, 근원, 출처

☐ **fail** [feil] 실패하다

☐ **stop** [stap] 멈추다, 저지하다

☐ **find oneself** (알고보니, 어떤 상태에) 있음을 발견하다, 깨닫다, 알아차리다

☐ **fight against …** ~에 싸우다, 맞서다

Quiet Time

Trace and write, chunk by chunk.

왜냐하면 만일 그들의 목적이나 행동이 / 사람에게서 난 것이면 /

For if their purpose or activity / is of human origin, /

그것은 실패할 것이기 때문입니다

it will fail.

그러나 만일 그것이 하나님께로부터 난 것이면 /

But if it is from God, /

여러분은 멈추게 할 수 없을 것입니다 이 사람들을 /

you will not be able to stop these men; /

여러분은 도리어 발견할 것입니다 여러분 자신들을 /

you will only find yourselves

하나님께 대적하여 싸우고 있는

fighting against God."

Remember and write.

왜냐하면 만일 그들의 목적이나 행동이 / 사람에게서 난 것이면 /

그것은 실패할 것이기 때문입니다

그러나 만일 그것이 하나님께로부터 난 것이면 /

여러분은 멈추게 할 수 없을 것입니다 이 사람들을 /

여러분은 도리어 발견할 것입니다 여러분 자신들을 /

하나님께 대적하여 싸우고 있는

Remember and write.

87 Acts 5:40

[개역개정] 사도행전 5:40

그들이 옳게 여겨 사도들을 불러들여 채찍질하며 예수의 이름으로 말하는 것을 금하고 놓으니

Chunk by chunk! 궁금한 순서로 이해해 보세요.

그의 연설은 그들을 설득했습니다

His **speech persuaded** them.

그들은 사도들을 안으로 불러서 /

They **called** the **apostles in** /

그들이 매질을 받게 했습니다

and **had** them **flogged**.

그러고 나서 그들은 그들에게 명령하고 /

Then they **ordered** them /

말하지 말도록 / 예수의 이름으로 /

not to **speak** / in the **name** of **Jesus**, /

그들을 풀어서 놓아주었습니다

and **let** them **go**.

Read aloud and memorize!

궁금한 순서를 느끼면서, 박자에 맞춰 큰 소리로 읽고 암송해보세요. (붉은색으로 칠해진 단어는 강하고 길게 발음합니다.)

Words note! 확신이 없는 단어를 체크한 후 쓰면서 익히세요.

☐ **speech** [spiːtʃ] 연설

☐ **persuade** [pərswéid] ~을 설득하다

☐ **call … in** ~를 불러들이다

☐ **flog** [flag] 매질하다

☐ **order** [ɔ́ːrdər] ~하도록 명령하다, 지시하다

☐ **speak** [spiːk] 말하다

☐ **let … go** ~를 풀어서 놓아주다

Quiet Time

Trace and write, chunk by chunk.

그의 연설은 그들을 설득했습니다

His speech persuaded them.

그들은 사도들을 안으로 불러서 /

They called the apostles in /

그들이 매질을 받게 했습니다

and had them flogged.

그러고 나서 그들은 그들에게 명령하고 /

Then they ordered them /

말하지 말도록 / 예수의 이름으로 /

not to speak / in the name of Jesus, /

그들을 풀어서 놓아주었습니다

and let them go.

Remember and write.

그의 연설은 그들을 설득했습니다

그들은 사도들을 안으로 불러서 /

그들이 매질을 받게 했습니다

그러고 나서 그들은 그들에게 명령하고 /

말하지 말도록 / 예수의 이름으로 /

그들을 풀어서 놓아주었습니다

Remember and write.

Verse Work

Answer.

1. Did the Sanhedrin agree with Gamaliel?

2. What did the Sanhedrin finally do with the apostles?

Answer Key: 1. Yes, they agreed with Gamaliel.
2. They called the apostles in and had them flogged. Then they ordered them not to speak in the name of Jesus, and let them go.

88 Acts 5:41-42

[개역개정] 사도행전 5:41-42

사도들은 그 이름을 위하여 능욕 받는 일에 합당한 자로 여기심을 기뻐하면서 공회 앞을 떠나니라 그들이 날마다 성전에 있든지 집에 있든지 예수는 그리스도라고 가르치기와 전도하기를 그치지 아니하니라

Chunk by chunk! 궁금한 순서로 이해해 보세요.

사도들은 산헤드린을 떠났습니다 / 기뻐하면서 /

The **apostles left** the **Sanhedrin**, / **rejoicing** /

왜냐하면 그들이 여겨졌기 때문입니다 / 수치를 당하는 일에 자격이 있는 것으로 /

because they had been **counted** / **worthy** of **suffering disgrace** /

그 이름을 위해서

for the **Name**.

날마다 /

Day after day, /

성전 안뜰에서 / 그리고 이집 저집에서 /

in the **temple courts** / and from **house** to **house**, /

그들은 조금도 멈추지 않았습니다 / 가르치고 선포하는 것을 복음을 /

they **never stopped** / **teaching** and **proclaiming** the **good news** /

예수님이 구세주라고

that **Jesus** is the **Messiah**.

Read aloud and memorize!

궁금한 순서를 느끼면서, 박자에 맞춰 큰 소리로 읽고 암송해보세요. (붉은색으로 칠해진 단어는 강하고 길게 발음합니다.)

Words note! 확신이 없는 단어를 체크한 후 쓰면서 익히세요.

☐ **leave** [li:v] 떠나(가)다

☐ **rejoice** [ridʒɔ́is] 기뻐하다

☐ **count** [kaunt] ~으로 여기다, 간주하다

☐ **worthy of …** ~을 받을 만한, (~을 받을) 자격이 있는

☐ **suffer** [sΛfər] ~을 겪다, 당하다

☐ **disgrace** [disgréis] 망신, 수치, 불명예

☐ **stop** [stap] ~하는 것을 멈추다, 그만 두다

☐ **teach** [ti:ʧ] 가르치다

☐ **proclaim** [proukléim] ~을 선포하다, 선언하다

Trace and write, chunk by chunk.

사도들은 산헤드린을 떠났습니다 / 기뻐하면서 /

The apostles left the Sanhedrin, / rejoicing /

왜냐하면 그들이 여겨졌기 때문입니다 / 수치를 당하는 일에 자격이 있는 것으로 /

because they had been counted / worthy of suffering disgrace /

그 이름을 위해서

for the Name.

날마다 /

Day after day, /

성전 안뜰에서 / 그리고 이집 저집에서 /

in the temple courts / and from house to house, /

그들은 조금도 멈추지 않았습니다 / 가르치고 선포하는 것을 복음을 /

they never stopped / teaching and proclaiming the good news /

예수님이 구세주라고

that Jesus is the Messiah.

Remember and write.

사도들은 산헤드린을 떠났습니다 / 기뻐하면서 /

왜냐하면 그들이 여겨졌기 때문입니다 / 수치를 당하는 일에 자격이 있는 것으로 /

그 이름을 위해서

날마다 /

성전 안뜰에서 / 그리고 이집 저집에서 /

그들은 조금도 멈추지 않았습니다 / 가르치고 선포하는 것을 복음을 /

예수님이 구세주라고

Remember and write.

이어서
말해보기
13

Acts 5:17-42

Let's read with stress and rhythm!

궁금한 순서에 따라, 강세와 박자에 맞춰, 큰 소리로 읽어 보세요. (그러면 영어가 뚫립니다.)
붉은색으로 칠해진 단어는 강하고 길게 발음합니다.

The Apostles Persecuted

17 **Then** the **high priest** and **all** his **associates**,
who were **members** of the **party** of the **Sadducees**,
were **filled** with **jealousy**.
18 They **arrested** the **apostles**
and **put** them in the **public jail**.
19 But **during** the **night**
an **angel** of the **Lord opened** the **doors** of the **jail**
and **brought** them **out**.
20 "**Go**, **stand** in the **temple courts**," he **said**,
"and **tell** the **people all about this new life**."
21 At **daybreak**
they **entered** the **temple courts**,

as they had been **told**,

and **began** to **teach** the **people**.

When the **high priest** and his **associates arrived**,

they **called together** the **Sanhedrin** —

the **full assembly** of the **elders** of **Israel** —

and **sent** to the **jail** for the **apostles**.

22 But on **arriving** at the **jail**,

the **officers** did **not find** them **there**.

So they **went back** and **reported**,

23 "We **found** the **jail securely locked**,

with the **guards standing** at the **doors**;

but when we **opened** them,

we **found no one inside**."

24 On **hearing this report**,

the **captain** of the **temple guard** and the **chief priests**

were at a **loss**,

wondering what this might **lead** to.

25 Then **someone came** and **said**, "**Look**!

The **men** you **put** in **jail**

are **standing** in the **temple courts teaching** the **people**."

26 At **that**,

the **captain went** with his **officers** and **brought** the **apostles**.

They did **not use force**,

because they feared that the people would stone them.

27 The apostles were brought in

and made to appear before the Sanhedrin

to be questioned by the high priest.

28 "We gave you strict orders

not to teach in this name," he said.

"Yet you have filled Jerusalem with your teaching

and are determined to make us guilty of this man's blood."

29 Peter and the other apostles replied:

"We must obey God rather than human beings!

30 The God of our ancestors raised Jesus from the dead —

whom you killed by hanging him on a cross.

31 God exalted him to his own right hand

as Prince and Savior

that he might bring Israel to repentance

and forgive their sins.

32 We are witnesses of these things,

and so is the Holy Spirit,

whom God has given to those who obey him."

33 When they heard this,

they were furious and wanted to put them to death.

34 But a Pharisee named Gamaliel, a teacher of the law,

who was honored by all the people,

stood up in the Sanhedrin

and ordered that the men be put outside for a little while.

35 Then he addressed the Sanhedrin:

"Men of Israel,

consider carefully what you intend to do to these men.

36 Some time ago

Theudas appeared, claiming to be somebody,

and about four hundred men rallied to him.

He was killed,

all his followers were dispersed,

and it all came to nothing.

37 After him,

Judas the Galilean appeared in the days of the census

and led a band of people in revolt.

He too was killed,

and all his followers were scattered.

38 Therefore, in the present case I advise you:

Leave these men alone!

Let them go!

For if their purpose or activity is of human origin,

it will fail.

39 But if it is from God,

you will not be able to stop these men;

you will **only find yourselves fighting against God**."

40 His **speech persuaded** them.

They **called** the **apostles in** and **had** them **flogged**.

Then they **ordered** them **not** to **speak** in the **name** of **Jesus**,

and **let** them **go**.

41 The **apostles left** the **Sanhedrin**, **rejoicing**

because they had been **counted**

worthy of **suffering disgrace** for the **Name**.

42 **Day after day**,

in the **temple courts** and from **house** to **house**,

they **never stopped teaching** and **proclaiming** the **good news**

that **Jesus** is the **Messiah**.

MEMO

14

The Choosing of the Seven

89 Acts 6:1

[개역개정] 사도행전 6:1

그 때에 제자가 더 많아졌는데 헬라파 유대인들이 자기의 과부들이 매일의 구제에 빠지므로 히브리파 사람을 원망하니

Chunk by chunk! 궁금한 순서로 이해해 보세요.

The Choosing of the Seven

(일곱 집사의 선택)

그 때에 /

In **those days** /

제자들의 수가 증가하고 있었는데 /

when the **number** of **disciples** was **increasing**, /

그리스파 유대 사람들이 그들 중 /

the **Hellenistic Jews among** them /

불평했습니다 히브리파 유대 사람들을 /

complained against the **Hebraic Jews** /

왜냐하면 그들의 과부들이 간과되고 있었기 때문입니다 /

because their **widows** were being **overlooked** /

매일의 음식물 배급에서

in the **daily distribution** of **food**.

Read aloud and memorize!

궁금한 순서를 느끼면서, 박자에 맞춰 큰 소리로 읽고 암송해보세요. (붉은색으로 칠해진 단어는 강하고 길게 발음합니다.)

Words note! 확신이 없는 단어를 체크한 후 쓰면서 익히세요.

- ☐ **choose** [ʧu:z] ~을 고르다, 선택하다
- ☐ **the number of …** (~의) 인원수
- ☐ **disciple** [disáipl] 제자
- ☐ **increase** [inkrí:s] 늘다, 증가하다
- ☐ **complain against …** ~을 불평하다
- ☐ **widow** [wídou] 미망인, 과부
- ☐ **overlook** [ou'vərlu,k] ~을 못 보고 넘어가다, 간과하다
- ☐ **daily** [déili] 매일의, 나날의
- ☐ **distribution** [dìstrəbjú:ʃən] 분배, 배급

Trace and write, chunk by chunk.

일곱 집사의 선택

The Choosing of the Seven

그 때에 /

In those days /

제자들의 수가 증가하고 있었는데 /

when the number of disciples was increasing. /

그리스파 유대 사람들이 그들 중 /

the Hellenistic Jews among them /

불평했습니다 히브리파 유대 사람들을 /

complained against the Hebraic Jews /

왜냐하면 그들의 과부들이 간과되고 있었기 때문입니다 /

because their widows were being overlooked /

매일의 음식물 배급에서

in the daily distribution of food.

Remember and write.

일곱 집사의 선택

그 때에 /

제자들의 수가 증가하고 있었는데 /

그리스파 유대 사람들이 그들 중 /

불평했습니다 히브리파 유대 사람들을 /

왜냐하면 그들의 과부들이 간과되고 있었기 때문입니다 /

매일의 음식물 배급에서

Remember and write.

90 Acts 6:2-4

[개역개정] 사도행전 6:2-4

열두 사도가 모든 제자를 불러 이르되 우리가 하나님의 말씀을 제쳐 놓고 접대를 일삼는 것이 마땅하지 아니하니 형제들아 너희 가운데서 성령과 지혜가 충만하여 칭찬 받는 사람 일곱을 택하라 우리가 이 일을 그들에게 맡기고 우리는 오로지 기도하는 일과 말씀 사역에 힘쓰리라 하니

Chunk by chunk! 궁금한 순서로 이해해 보세요.

그래서 열두 사도는 모든 제자들을 함께 모아 / 말했습니다 /

So the **Twelve gathered all** the **disciples together** / and **said**, /

옳지 않습니다 /

"It would **not** be **right** /

우리가 소홀히 하는 것은 하나님의 말씀을 전하는 직무를 /

for us to **neglect** the **ministry** of the **word** of **God** /

식사 시중을 들기 위해

in **order** to **wait** on **tables**.

형제 자매들이여 /

Brothers and **sisters**, /

일곱 사람을 선택하십시오 / 여러분 중에서 /

choose seven men / from **among** you /

알려져 있는 / 성령과 지혜로 충만한 것으로

who are **known** / to be **full** of the **Spirit** and **wisdom**.

우리가 이 책임을 넘겨 주고 그들에게 /
We will **turn this responsibility over** to them /

우리의 주의를 기울이겠습니다 기도에 / 그리고 말씀을 전하는 직무에
and will **give** our **attention** to **prayer** / and the **ministry** of the **word**."

Read aloud and memorize!

궁금한 순서를 느끼면서, 박자에 맞춰 큰 소리로 읽고 암송해보세요. (붉은색으로 칠해진 단어는 강하고 길게 발음합니다.)

Words note! 확신이 없는 단어를 체크한 후 쓰면서 익히세요.

☐ **gather** [gæðər] ~을 모으다, 끌다

☐ **together** [təgéðər] 함께, 같이

☐ **right** [rait] 옳은, 바른

☐ **neglect** [niglékt] ~을 등한시 하다, 소홀히 하다

☐ **ministry** [mínəstri] 직무, 직책

- ☐ **wait on …** 시중 들다, 식사 시중을 들다

- ☐ **choose** [ʧu:z] ~을 고르다, 선택하다

- ☐ **be known to …** ~으로 알려져 있다

- ☐ **full of …** ~으로 가득 찬, 충만한

- ☐ **turn … over to …** ~를 ~에게로 넘겨주다

- ☐ **responsibility** [rispὰnsəbíləti] 책임, 책무

- ☐ **give one's attention to …** ~에 (~의) 주의를 기울이다, 전념하다

Quiet Time

Trace and write, chunk by chunk.

그래서 열두 사도는 모든 제자들을 함께 모아 / 말했습니다 /

So the Twelve gathered all the disciples together /

and said, /

옳지 않습니다 /

"It would not be right /

우리가 소홀히 하는 것은 하나님의 말씀을 전하는 직무를 /

for us to neglect the ministry of the word of God /

식사 시중을 들기 위해

in order to wait on tables.

형제 자매들이여 /

Brothers and sisters, /

일곱 사람을 선택하십시오 / 여러분 중에서 /

choose seven men / from among you /

알려져 있는 / 성령과 지혜로 충만한 것으로

who are known / to be full of the Spirit and wisdom.

우리가 이 책임을 넘겨 주고 그들에게 /

We will turn this responsibility over to them /

우리의 주의를 기울이겠습니다 기도에 / 그리고 말씀을 전하는 직무에

and will give our attention to prayer / and the ministry of the word."

Remember and write.

그래서 열두 사도는 모든 제자들을 함께 모아 / 말했습니다 /

옳지 않습니다 /

우리가 소홀히 하는 것은 하나님의 말씀을 전하는 직무를 /

식사 시중을 들기 위해

형제 자매들이여 /

일곱 사람을 선택하십시오 / 여러분 중에서 /

알려져 있는 / 성령과 지혜로 충만한 것으로

우리가 이 책임을 넘겨 주고 그들에게 /

우리의 주의를 기울이겠습니다 기도에 / 그리고 말씀을 전하는 직무에

Remember and write.

91 Acts 6:5-7

[개역개정] 사도행전 6:5-7

온 무리가 이 말을 기뻐하여 믿음과 성령이 충만한 사람 스데반과 또 빌립과 브로고로와 니가노르와 디몬과 바메나와 유대교에 입교했던 안디옥 사람 니골라를 택하여 사도들 앞에 세우니 사도들이 기도하고 그들에게 안수하니라 하나님의 말씀이 점점 왕성하여 예루살렘에 있는 제자의 수가 심히 많아지고 허다한 제사장의 무리도 이 도에 복종하니라

Chunk by chunk! 궁금한 순서로 이해해 보세요.

이 제안은 온 무리를 기쁘게 했습니다

This proposal pleased the **whole group**.

그들은 스데반을 선택했습니다 / 사람 믿음으로 충만한 그리고 성령으로 충만한 /

They **chose Stephen**, / a **man full** of **faith** and of the **Holy Spirit**; /

또 빌립 브로고로 니가노르 디몬 바메나 /

also Philip, **Procorus**, **Nicanor**, **Timon**, **Parmenas**, /

그리고 안디옥 출신의 니골라를 / 유대교로의 개종자

and **Nicolas** from **Antioch**, / a **convert** to **Judaism**.

그들은 이 사람들을 소개했는데 사도들에게 /

They **presented these men** to the **apostles**, /

그들은 기도하고 / 그들의 손을 얹었습니다 그들에게

who **prayed** / and **laid** their **hands** on them.

그리하여 하나님의 말씀이 퍼져 나갔습니다
So the **word** of **God spread**.

예루살렘에 있는 제자들의 수는 / 늘어났습니다 급격하게 /
The **number** of **disciples** in **Jerusalem** / **increased rapidly**, /

그리고 많은 제사장들이 / 믿음에 복종하게 되었습니다
and a **large number** of **priests** / **became obedient** to the **faith**.

Read aloud and memorize!

궁금한 순서를 느끼면서, 박자에 맞춰 큰 소리로 읽고 암송해보세요. (붉은색으로 칠해진 단어는 강하고 길게 발음합니다.)

Words note! 확신이 없는 단어를 체크한 후 쓰면서 익히세요.

☐ **proposal** [prəpóuzəl] 제안, 제의

☐ **please** [pli:z] ~을 기쁘게 하다, 만족시키다

☐ **choose** [ʧu:z] ~을 고르다, 선택하다

☐ **full of …** ~으로 가득 찬, 충만한

☐ **convert** [kənvə́:rt] (~으로의) 개종자, 회심자

☐ **present** [préznt] ~에게 소개하다, 인사시키다

☐ **pray** [prei] 기도하다

☐ **lay one's hand on …** ~에 (~의) 손을 얹다, 안수하다

☐ **spread** [spred] 퍼지다

☐ **increase** [inkrí:s] 늘다, 증가하다

☐ **obedient** [oubí:diənt] 순종하는, 충실한

☐ **faith** [feiθ] 믿음, 신앙(심)

Quiet Time

Trace and write, chunk by chunk.

이 제안은 온 무리를 기쁘게 했습니다

This proposal pleased the whole group.

그들은 스데반을 선택했습니다 / 사람 믿음으로 충만한 그리고 성령으로 충만한 /

They chose Stephen, / a man full of faith and of the Holy Spirit; /

또 빌립 브로고로 니가노르 디몬 바메나 /

also Philip, Procorus, Nicanor, Timon, Parmenas, /

그리고 안디옥 출신의 니골라를 / 유대교로의 개종자

and Nicolas from Antioch, / a convert to Judaism.

그들은 이 사람들을 소개했는데 사도들에게 /

They presented these men to the apostles, /

그들은 기도하고 / 그들의 손을 얹었습니다 그들에게

who prayed / and laid their hands on them.

그리하여 하나님의 말씀이 퍼져 나갔습니다

So the word of God spread.

예루살렘에 있는 제자들의 수는 / 늘어났습니다 급격하게 /

The number of disciples in Jerusalem / increased rapidly. /

그리고 많은 제사장들이 / 믿음에 복종하게 되었습니다

and a large number of priests / became obedient to the faith.

Remember and write.

이 제안은 온 무리를 기쁘게 했습니다

그들은 스데반을 선택했습니다 / 사람 믿음으로 충만한 그리고 성령으로 충만한 /

또 빌립 브로고로 니가노르 디몬 바메나 /

그리고 안디옥 출신의 니골라를 / 유대교로의 개종자

그들은 이 사람들을 소개했는데 사도들에게 /

그들은 기도하고 / 그들의 손을 얹었습니다 그들에게

그리하여 하나님의 말씀이 퍼져 나갔습니다

예루살렘에 있는 제자들의 수는 / 늘어났습니다 급격하게 /

그리고 많은 제사장들이 / 믿음에 복종하게 되었습니다

Remember and write.

이어서 말해보기 14

Acts 6:1-7

Let's read with stress and rhythm!

궁금한 순서에 따라, 강세와 박자에 맞춰, 큰 소리로 읽어 보세요. (그러면 영어가 뚫립니다.)
붉은색으로 칠해진 단어는 강하고 길게 발음합니다.

The Choosing of the Seven

1 In **those days**

when the **number** of **disciples** was **increasing**,

the **Hellenistic Jews among** them

complained against the **Hebraic Jews**

because their **widows** were being **overlooked**

in the **daily distribution** of **food**.

2 So the **Twelve gathered all** the **disciples together** and **said**,

"It would **not** be **right** for us

to **neglect** the **ministry** of the **word** of **God**

in **order** to **wait** on **tables**.

3 **Brothers** and **sisters**,

choose seven men from **among** you

who are **known** to be **full** of the **Spirit** and **wisdom**.

We will **turn this responsibility over** to them

4 and will **give** our **attention** to **prayer**

and the **ministry** of the **word**."

5 **This proposal pleased** the **whole group**.

They **chose Stephen**,

a **man full** of **faith** and of the **Holy Spirit**;

also Philip, **Procorus**, **Nicanor**, **Timon**, **Parmenas**,

and **Nicolas** from **Antioch**, a **convert** to **Judaism**.

6 They **presented these men** to the **apostles**,

who **prayed** and **laid** their **hands** on them.

7 So the **word** of **God spread**.

The **number** of **disciples** in **Jerusalem increased rapidly**,

and a **large number** of **priests became obedient** to the **faith**.

15

Stephen Seized

92 Acts 6:8-10

[개역개정] 사도행전 6:8-10

스데반이 은혜와 권능이 충만하여 큰 기사와 표적을 민간에 행하니 이른 바 자유민들 즉 구레네인, 알렉산드리아인, 길리기아와 아시아에서 온 사람들의 회당에서 어떤 자들이 일어나 스데반과 더불어 논쟁할새 스데반이 지혜와 성령으로 말미암아 그들이 능히 당하지 못하여

Chunk by chunk! 궁금한 순서로 이해해 보세요.

Stephen Seized

(붙잡힌 스데반)

자 스데반이 / 사람 하나님의 은혜와 권능으로 충만한 /

Now Stephen, / a **man full** of **God's grace** and **power**, /

행했습니다 큰 놀라운 일들과 표적들을 / 사람들 사이에서

performed great wonders and **signs** / **among** the **people**.

반기가 일어났습니다 그러나 /

Opposition arose, **however**, /

자유인 회당의 회원들 가운데에서 / 이른바 /

from **members** of the **Synagogue** of the **Freedmen** / (as it was **called**) – /

즉 구레네 유대 사람들과 알렉산드리아 유대 사람들 /

Jews of **Cyrene** and **Alexandria** /

길리기아와 아시아 지역들의 유대 사람들뿐만 아니라 /

as **well** as the **provinces** of **Cilicia** and **Asia** – /

그들은 시작했습니다 스데반과 논쟁하기

who **began** to **argue** with **Stephen**.

그러나 그들은 대항할 수 없었습니다 지혜에 / 성령이 그에게 주신 /
But they could **not stand up against** the **wisdom** / the **Spirit gave** him /

그가 말할 때
as he **spoke**.

Read aloud and memorize!

궁금한 순서를 느끼면서, 박자에 맞춰 큰 소리로 읽고 암송해보세요. (붉은색으로 칠해진 단어는 강하고 길게 발음합니다.)

Words note! 확신이 없는 단어를 체크한 후 쓰면서 익히세요.

☐ **seize** [si:z] ~을 (붙)잡다, 체포하다

☐ **perform** [pərfɔ́:rm] ~을 행하다, 수행하다

☐ **opposition** [àpəzíʃən] 반대, 반기

☐ **arise** [əráiz] ~이 일어나다, 나타나다

☐ **argue with …** ~와 더불어 논쟁하다

☐ **stand up against …** ~에 대항하다

Trace and write, chunk by chunk.

붙잡힌 스데반

Stephen Seized

자 스데반이 / 사람 하나님의 은혜와 권능으로 충만한 /

Now Stephen, / a man full of God's grace and power, /

행했습니다 큰 놀라운 일들과 표적들을 / 사람들 사이에서

performed great wonders and signs / among the people.

반기가 일어났습니다 그러나 /

Opposition arose, however, /

자유인 회당의 회원들 가운데에서 / 이른바 /

from members of the Synagogue of the Freedmen /
(as it was called) — /

즉 구레네 유대 사람들과 알렉산드리아 유대 사람들 /

Jews of Cyrene and Alexandria /

길리기아와 아시아 지역들의 유대 사람들뿐만 아니라 /

as well as the provinces of Cilicia and Asia — /

그들은 시작했습니다 스데반과 논쟁하기

who began to argue with Stephen.

그러나 그들은 대항할 수 없었습니다 지혜에 / 성령이 그에게 주신 /

But they could not stand up against the wisdom /
the Spirit gave him /

그가 말할 때

as he spoke.

Remember and write.

붙잡힌 스데반

자 스데반이 / 사람 하나님의 은혜와 권능으로 충만한 /

행했습니다 큰 놀라운 일들과 표적들을 / 사람들 사이에서

반기가 일어났습니다 그러나 /

자유인 회당의 회원들 가운데에서 / 이른바 /

즉 구레네 유대 사람들과 알렉산드리아 유대 사람들 /

길리기아와 아시아 지역들의 유대 사람들뿐만 아니라 /

그들은 시작했습니다 스데반과 논쟁하기

그러나 그들은 대항할 수 없었습니다 지혜에 / 성령이 그에게 주신 /

그가 말할 때

Remember and write.

Verse Work

Answer.

How was Stephen described?

Answer Key: He was full of God's grace and power, performed great wonders and signs among the people, and spoke with the wisdom the Spirit gave him.

93 Acts 6:11-12

[개역개정] 사도행전 6:11-12

사람들을 매수하여 말하게 하되 이 사람이 모세와 하나님을 모독하는 말을 하는 것을 우리가 들었노라 하게 하고 백성과 장로와 서기관들을 충동시켜 와서 잡아가지고 공회에 이르러

Chunk by chunk! 궁금한 순서로 이해해 보세요.

그 후 그들은 은밀하게 몇몇 사람들을 설득했습니다 / 말하도록 /
Then they **secretly persuaded some men** / to **say**, /

우리는 들었습니다 / 스데반이 모독적인 말을 하는 것을 모세를 대적하여 /
"We have **heard** / **Stephen speak blasphemous words against Moses** /

그리고 하나님을 대적하여
and **against God**."

그래서 그들은 그 사람들을 선동했습니다 /
So they **stirred up** the **people** /

그리고 장로들과 율법 교사들을
and the **elders** and the **teachers** of the **law**.

그들은 스데반을 붙잡아 /
They **seized Stephen** /

그를 데려갔습니다 / 산헤드린 앞에
and **brought** him / **before** the **Sanhedrin**.

Read aloud and memorize!

궁금한 순서를 느끼면서, 박자에 맞춰 큰 소리로 읽고 암송해보세요. (붉은색으로 칠해진 단어는 강하고 길게 발음합니다.)

Words note! 확신이 없는 단어를 체크한 후 쓰면서 익히세요.

- ☐ **secretly** [sí:krətli] 비밀히, 은밀하게
- ☐ **persuade** [pərswéid] 설득하다
- ☐ **hear** [hiər] ~을 듣다
- ☐ **speak** [spi:k] 말하다
- ☐ **blasphemous** [blæsfəməs] 모독적인
- ☐ **stir up …** ~을 선동하다, 자극하다
- ☐ **seize** [si:z] ~을 (붙)잡다, 체포하다

Quiet Time

Trace and write, chunk by chunk.

그 후 그들은 은밀하게 몇몇 사람들을 설득했습니다 / 말하도록 /

Then they secretly persuaded some men / to say, /

우리는 들었습니다 / 스데반이 모독적인 말을 하는 것을 모세를 대적하여 /

"We have heard / Stephen speak blasphemous words against Moses /

그리고 하나님을 대적하여

and against God."

그래서 그들은 그 사람들을 선동했습니다 /

So they stirred up the people /

그리고 장로들과 율법 교사들을

and the elders and the teachers of the law.

그들은 스데반을 붙잡아 /

They seized Stephen /

그를 데려갔습니다 / 산헤드린 앞에

and brought him / before the Sanhedrin.

Remember and write.

그 후 그들은 은밀하게 몇몇 사람들을 설득했습니다 / 말하도록 /

우리는 들었습니다 / 스데반이 모독적인 말을 하는 것을 모세를 대적하여 /

그리고 하나님을 대적하여

그래서 그들은 그 사람들을 선동했습니다 /

그리고 장로들과 율법 교사들을

그들은 스데반을 붙잡아 /

그를 데려갔습니다 / 산헤드린 앞에

Remember and write.

94 Acts 6:13-16

[개역개정] 사도행전 6:13-16

거짓 증인들을 세우니 이르되 이 사람이 이 거룩한 곳과 율법을 거슬러 말하기를 마지 아니하는도다 그의 말에 이 나사렛 예수가 이 곳을 헐고 또 모세가 우리에게 전하여 준 규례를 고치겠다 함을 우리가 들었노라 하거늘 공중 중에 앉은 사람들이 다 스데반을 주목하여 보니 그 얼굴이 천사의 얼굴과 같더라

Chunk by chunk! 궁금한 순서로 이해해 보세요.

그들은 거짓 증인들을 만들었는데 / 그들은 증언했습니다 /

They **produced false witnesses**, / who **testified**, /

이 사람은 / 조금도 멈추지 않습니다 말하는 것을 이 거룩한 장소를 대적하여 /

"**This fellow** / **never stops speaking against this holy place** /

그리고 율법을 대적하여

and **against** the **law**.

왜냐하면 우리가 들었기 때문입니다 그가 말하는 것을 /

For we have **heard** him **say** /

이 나사렛 예수가 이 장소를 파괴할 것이라고 /

that **this Jesus** of **Nazareth** will **destroy this place** /

그리고 관습들을 바꿀 것이라고 / 모세가 우리에게 물려준

and **change** the **customs** / **Moses handed down** to us."

모든 사람들이 / 앉아 있던 / 산헤드린에 /
All / who were **sitting** / in the **Sanhedrin** /

골똘히 보았습니다 스데반을 /
looked intently at **Stephen**, /

그리고 그들은 보았습니다 / 그의 얼굴이 마치 천사의 얼굴 같음을
and they **saw** / that his **face** was like the **face** of an **angel**.

Read aloud and memorize!

궁금한 순서를 느끼면서, 박자에 맞춰 큰 소리로 읽고 암송해보세요. (붉은색으로 칠해진 단어는 강하고 길게 발음합니다.)

Words note! 확신이 없는 단어를 체크한 후 쓰면서 익히세요.

☐ **produce** [prədjú:s | -djú:s] 만들다, 만들어내다

☐ **false** [fɔ:ls] 거짓의, 그릇된

☐ **witness** [wítnis] 목격자, 증인

☐ **testify** [téstəfài] 증인하다, 증거하다

☐ **fellow** [félou] 사람, 사나이

☐ **speak against …** ~에 대적하여 말하다

☐ **destroy** [distrói] ~를 헐다, 파괴하다

☐ **change** [ʧeindʒ] ~을 바꾸다, 변경하다

☐ **custom** [kʌst m] 관습, 관례

☐ **hand … down to …** ~에게 전하다, 물려주다

☐ **look intently at …** ~을 골똘히 보다

☐ **face** [feis] 얼굴

Quiet Time

Trace and write, chunk by chunk.

그들은 거짓 증인들을 만들었는데 / 그들은 증언했습니다 /

They produced false witnesses, / who testified, /

이 사람은 / 조금도 멈추지 않습니다 말하는 것을 이 거룩한 장소를 대적하여 /

"This fellow / never stops speaking against this holy place /

그리고 율법을 대적하여

and against the law.

왜냐하면 우리가 들었기 때문입니다 그가 말하는 것을 /

For we have heard him say /

이 나사렛 예수가 이 장소를 파괴할 것이라고 /

that this Jesus of Nazareth will destroy this place /

그리고 관습들을 바꿀 것이라고 / 모세가 우리에게 물려준

and change the customs / Moses handed down to us."

모든 사람들이 / 앉아 있던 / 산헤드린에 /

All / who were sitting / in the Sanhedrin /

골똘히 보았습니다 스데반을 /

looked intently at Stephen. /

그리고 그들은 보았습니다 / 그의 얼굴이 마치 천사의 얼굴 같음을

and they saw / that his face was like the face of an angel.

Remember and write.

그들은 거짓 증인들을 만들었는데 / 그들은 증언했습니다 /

이 사람은 / 조금도 멈추지 않습니다 말하는 것을 이 거룩한 장소를 대적하여 /

그리고 율법을 대적하여

왜냐하면 우리가 들었기 때문입니다 그가 말하는 것을 /

이 나사렛 예수가 이 장소를 파괴할 것이라고 /

그리고 관습들을 바꿀 것이라고 / 모세가 우리에게 물려준

모든 사람들이 / 앉아 있던 / 산헤드린에 /

골똘히 보았습니다 스데반을 /

그리고 그들은 보았습니다 / 그의 얼굴이 마치 천사의 얼굴 같음을

Remember and write.

이어서 말해보기 15

Acts 6:8-16

Let's read with stress and rhythm!

궁금한 순서에 따라, 강세와 박자에 맞춰, 큰 소리로 읽어 보세요. (그러면 영어가 뚫립니다.)
붉은색으로 칠해진 단어는 강하고 길게 발음합니다.

Stephen Seized

8 **Now Stephen**, a **man full** of **God's grace** and **power**,
performed great wonders and **signs among** the **people**.
9 **Opposition arose**, **however**,
from **members** of the **Synagogue** of the **Freedmen**
(as it was **called**)—
Jews of **Cyrene** and **Alexandria**
as **well** as the **provinces** of **Cilicia** and **Asia**—
who **began** to **argue** with **Stephen**.
10 But they could **not stand up against** the **wisdom**
the **Spirit gave** him
as he **spoke**.

11 Then they secretly persuaded some men to say,
"We have heard
Stephen speak blasphemous words against Moses
and against God."
12 So they stirred up the people
and the elders and the teachers of the law.
They seized Stephen
and brought him before the Sanhedrin.
13 They produced false witnesses, who testified,
"This fellow never stops speaking against this holy place
and against the law.
14 For we have heard him say
that this Jesus of Nazareth will destroy this place
and change the customs Moses handed down to us."
15 All who were sitting in the Sanhedrin
looked intently at Stephen,
and they saw that his face was like the face of an angel.

Appendix

[The Lord's Prayer]

[The Apostles' Creed]

[The Ten Commandments]

The Lord's Prayer

Our Father in heaven,

hallowed be Your name,

Your kingdom come.

Your will be done on earth,

as it is in heaven.

Give us today our daily bread.

Forgive us our debts,

as we also have forgiven our debtors.

And lead us not into temptation,

but deliver us from the evil one.

For Yours is the kingdom, and the power,

and the glory, forever. Amen.

주기도문

하늘에 계신 우리 아버지,

아버지의 이름을 거룩하게 하시며

아버지의 나라가 오게 하시며,

아버지의 뜻이 하늘에서와 같이

땅에서도 이루어지게 하소서.

오늘 우리에게 일용할 양식을 주시고,

우리가 우리에게 잘못한 사람을 용서하여 준 것 같이

우리 죄를 용서하여 주시고,

우리를 시험에 빠지지 않게 하시고,

악에서 구하소서.

나라와 권능과 영광이 영원히 아버지의 것입니다. 아멘.

The Apostles' Creed

I believe in God, the Father Almighty, maker of heaven and earth,

and in Jesus Christ, His only Son, our Lord,

who was conceived by the Holy Spirit, born of the Virgin Mary,

suffered under Pontius Pilate, was crucified, dead, and buried;

He descended into hell; the third day he rose again from the dead;

He ascended into heaven, and is seated at the right hand of God, the Father Almighty;

from thence He shall come to judge the quick and the dead.

I believe in the Holy Spirit, the holy universal church, the communion of saints, the forgiveness of sins, the resurrection of the body, and the life everlasting.

Amen.

사도신경

나는 전능하신 아버지 하나님, 천지의 창조주를 믿습니다.

나는 그의 유일하신 아들, 우리 주 예수 그리스도를 믿습니다.

그는 성령으로 잉태되어 동정녀 마리아에게서 나시고,

본디오 빌라도에게 고난을 받아 십자가에 못 박혀 죽으시고,

장사된 지 사흘 만에 죽은 자 가운데서 살아나셨으며,

하늘에 오르시어 전능하신 아버지 하나님 우편에 앉아 계시다가,

거기로부터 살아있는 자와 죽은 자를 심판하러 오십니다.

나는 성령을 믿으며, 거룩한 공교회와 성도의 교제와

죄를 용서받는 것과 몸의 부활과 영생을 믿습니다.

아멘.

The Ten Commandments

1. You shall have no other gods before me.
2. You shall not make for yourself an idol in the form of anything, and you shall not bow down to them or worship them.
3. You shall not misuse the name of the Lord your God.
4. Remember the Sabbath day by keeping it holy.
5. Honor your father and your mother.
6. You shall not murder.
7. You shall not commit adultery.
8. You shall not steal.
9. You shall not give false testimony against your neighbor.
10. You shall not covet your neighbor's belongings.

십계명

1. 너희는 내 앞에서 다른 신들을 섬기지 못한다.
2. 너희는 어떤 것이든지 그 모양을 본떠서 우상을 만들지 못한다.

   너희는 그것들에게 절하거나, 그것들을 섬기지 못한다.
3. 너희는 주 너희 하나님의 이름을 함부로 부르지 못한다.
4. 안식일을 기억하여 그 날을 거룩하게 지켜라.
5. 너희 부모를 공경하여라.
6. 살인하지 못한다.
7. 간음하지 못한다.
8. 도둑질하지 못한다.
9. 너희 이웃에게 불리한 거짓 증언을 하지 못한다.
10. 너희 이웃의 소유물들을 탐내지 못한다.

MEMO

MEMO

젭스의 영어성경 암송 시리즈

[@젭스 유튜브 채널의 정철선생 특강 교재]

성경말씀 영어로 암송하기

유명한 성경 구절별 암송 교재

YouTube 정철 직강

요한복음 영어로 암송하기

총 21장으로 구성된 요한복음 전체를
영어로 암송할 수 있도록 해주는 교재

YouTube 정철 직강

요한일서 영어로 암송하기

총 5장으로 구성된 요한일서 전체를
영어로 암송할 수 있도록 해주는 교재

YouTube 정철 직강

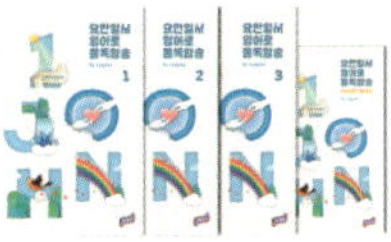

야고보서 영어로 암송하기

총 5장으로 구성된 야고보서 전체를
영어로 암송할 수 있도록 해주는 교재

YouTube 정철 직강

요나서 영어로 암송하기

총 4장으로 구성된 요나서 전체를
영어로 암송할 수 있도록 해주는 교재

YouTube 정철 직강

산상수훈 영어로 암송하기

총 2장으로 구성된 산상수훈 전체를
영어로 암송할 수 있도록 해주는 교재

YouTube 정철 직강

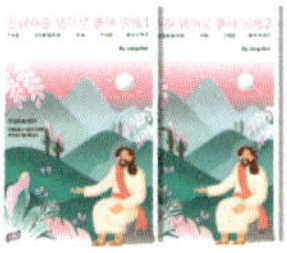

요셉이야기 영어로 암송하기

총 22장으로 구성된 요셉이야기 전체를
영어로 암송할 수 있도록 해주는 교재

YouTube 정철 직강